Reise durch die

KARIBIK

Bilder von
Christian Heeb
und Karl-Heinz Raach

Texte von
Anne Brauner
und Martin Lambrecht

Stürtz

Erste Seite:
Oberhalb von Port Antonio an der Nordküste von Jamaica findet man einen der besten Plätze auf der Insel zum Abendessen – das Mockingbird Hill Hotel lädt ein.

Vorherige Seite:
Jamaika bietet Unterkünfte für jeden Geschmack: Auf Pegg Point, einer Halbinsel bei Port Antonio liegt in der besten Lage das Trident Castle, oder White Castle, das jeden erdenklichen Luxus bietet.

Unten:
Die kubanische Musikgruppe »Los Piños« spielt Salsa, eine Musik, die nicht nur in Trinidad, sondern auf der ganzen Insel allgegenwärtig ist.

Seite 10/11:
Die beste Weise der
Karibik zu begegnen und
die Vielfalt kennenzu-
lernen ist das Segelboot.

Immer wieder locken ein-
same Buchten und feinste
Sandstrände, die man
ganz für sich alleine hat.

Inhalt

Inseln der Sonne und der Sehnsucht

Auf Jamaica bei Port Antonia lässt sich der Traum der Karibik leben – als Gast wohnt man in kleinen feinen Hotels, die allen romantischen Karibikvorstellungen entsprechen. Das Mockingbird Hill Hotel verfügt lediglich über zehn Zimmer.

Die Karibik umfasst die mittelamerikanischen Westindischen Inseln, die sich in einem lockeren, weitgeschwungenen Bogen über 4000 Kilometer zwischen der Halbinsel Florida und der Küste Südamerikas erstrecken. Der westindische Archipel, der fünfmal so groß ist wie der griechische, trennt das Karibische Meer und den Golf von Mexiko vom Atlantik. Die Bahamas, die Kleinen und Großen Antillen bilden viele kleine, bisweilen winzige Staaten mit etwa dreißig Millionen Menschen, die entweder selbstständig oder Teil des Territoriums ihrer ehemaligen Kolonialherren sind. So entwickelten sich Sprache und Bräuche, Recht und Gesetz, Wirtschaft und Verwaltung auf den Großen und Kleinen Antillen je nach Mutterland höchst unterschiedlich. Auf Martinique und Mustique spricht man französisch, auf den Niederländischen Antillen entwickelte sich das sogenannte Papiamento, eine Mischung aus Portugiesisch, Holländisch, Spanisch, Englisch sowie afrikanischen und indischen Dialekten. Britische Kronkolonien und Mitglieder des Commonwealth verkehren ebenso auf Englisch mit der Welt, wie Inseln, die zum Territorium der USA gehören. Dort legt man wiederum nicht so viel Wert auf typisch englische Errungenschaften wie den Linksverkehr, den »afternoon tea« oder Kricket, für das sich viele begeistern.

Auf Haiti spricht man fast nur Kreolisch; auf anderen Inseln, wie zum Beispiel Kuba oder den venezolanischen Inseln Spanisch. Es gibt bitterarme Inseln wie St. Vincent, von der man bezeichnenderweise sagt, sie sei die einzige Insel, die Kolumbus heute noch wiedererkennen würde – und das ist nicht als ökologisch begründetes Kompliment gemeint. Andere sind reicher als manch europäischer Staat – wie Barbados.

Die Frage nach einer gemeinsamen karibischen Identität verbietet sich also beinahe von selbst. Trotzdem beschäftigt sie nicht nur Literaten und Philosophen, sondern auch Politiker und Wirtschaftswissenschaftler aller westindischen Länder. Obwohl jede Insel einzigartig ist, ver-

bindet alle die gemeinsame koloniale Vergangenheit, die tief in die Gegenwart hineinwirkt. Der Kampf um Selbstständigkeit und Emanzipation von der jeweiligen Kolonialmacht wird meist durch wirtschaftliche Abhängigkeit erschwert. Es ist lange her, seit die karibischen Inseln als Produzenten von Zucker und Gewürzen eine überragende Rolle in der Weltwirtschaft spielten. Die vielerorts von den Kolonialherren aufgezwungene Konzentration auf den Anbau von Zuckerrohr erschwert bis heute die Durchsetzung einer gewinnbringenden Landwirtschaft. Die Umstellung auf lohnendere Industrie- und Agrarprodukte kann jedoch nur in einem langwierigen Prozess mit Unterstützung der ehemaligen Mutterländer geleistet werden.

Vielversprechend ist heute nur das Geschäft mit den Urlaubern. Auf manchen Inseln – zum Beispiel Antigua oder den Virgin Islands – entwickelte sich der Fremdenverkehr bereits zur Haupteinnahmequelle. Immer mehr Europäer schwärmen von einer Reise in die Karibik. Kreuzfahrer und Segler aus aller Welt steuern die verstreuten Inseln an. Das günstige Klima verführt zur Flucht aus dem kalten, grauen nordischen Winter in die warme karibische Sonne, zu Bilderbuchsandstränden am blaugrün schimmernden Meer und freundlichen Menschen in einer exotisch-bunten und üppigen Landschaft.

Paradiesische Urlandschaften

Der westindische Archipel ist durch üppige Vegetation und eine exotische Tierwelt gekennzeichnet. Jamaica Kincaid's Hymne auf ihre Heimatinsel Antigua lässt sich ohne Weiteres auf die meisten Karibikinseln übertragen: »Manchmal scheint ihre Schönheit unwirklich. (...) kein wirkliches Meerwasser könnte auf einmal so viele Nuancen von Blau hervorbringen; kein wirklicher Himmel könnte jenen Blauton haben, einen ganz anderen, von den Blautönen des Meeres deutlich unterschiedenen Blauton, und keine wirkliche Wolke könnte so weiß sein und so zart an jenem Himmel schweben; kein wirklicher Tag könnte so sonnig und hell sein und alles durchsichtig und geglättet erscheinen lassen; und keine wirkliche Nacht könnte so schwarz sein und alles so dicht und tief und bodenlos erscheinen lassen ...«

So verschieden wie die Geschichte der einzelnen Inseln präsentiert sich auch die Landschaft. Im Gesamtbild tropischer Natur verbergen sich krasse Gegensätze zwischen gebirgigen Vulkan- und flachen Kalktafelinseln. Fast alle Eilande teilen sich in eine trockene Südwestseite und eine feuchte Nordostseite. Die Wildheit des stürmischen Atlantiks kontrastiert mit dem

St. Lucia war eine der strategisch wichtigsten Inseln im Antillenbogen und von Franzosen und Engländern hart umkämpft – von 1660 bis 1814 wechselte die Insel vierzehn Mal den Besitzer. Schließlich gewannen die Briten und 1979 wurde das Eiland in die endgültige Unabhängigkeit entlassen. Heute ist St. Lucia eines der beliebtesten Ziele in der Karibik. Ein Ausflug zu den berühmten Pitons, den Überresten erloschener Vulkane, ist ein besonderes Vergnügen.

sanften Spiegel des Karibischen Meeres. Im warmen, kristallklaren Wasser der Buchten kann man gefahrlos baden, schnorcheln und tauchen; in den ausgedehnten Unterwassergärten wachsen herrliche Korallenriffe, zwischen denen Fische in allen Regenbogenfarben umherschwimmen. Die Passatwinde bieten Seglern und Surfern ideale Bedingungen, und sämtliche Wassersportarten erfreuen sich in der Karibik großer Beliebtheit. Seit Kurzem gibt es auch organisierte Trips zur Beobachtung von Walen und Delfinen. Pottwale werden das ganze Jahr über im karibischen Raum gesichtet, halten sich aber am liebsten an der Westküste von Dominica und Martinique auf, während die Delfine in großen Herden um die Riffe ziehen.

Es gibt noch unberührte Naturlandschaften, in denen die Ursprünglichkeit des Regenwaldes erhalten geblieben ist. Im Naturschutzgebiet von St. John, einer der amerikanischen Jungferninseln, erklären Lehrpfade die üppige Vielfalt der exotischen Pflanzenwelt, die hier buchstäblich jungfräulich geblieben ist. In der karibischen Fauna erregen die Vögel großes Interesse – und nicht nur bei Ornithologen. Hier machen viele Zugvögel Station; auf den meisten Inseln leben endemische Arten – wie zum Beispiel auf Barbuda der Pracht-Fregattvogel, eine seltene Spezies aus der Familie tropischer Seevögel. Der Nationalvogel von St. Lucia, der leuchtend bunte St. Lucia-Papagei, wird von den Insulanern liebevoll »Jacquot« genannt. Beinahe wäre er ausgestorben (und weitere Tierarten sind ebenfalls gefährdet), aber inzwischen wird dem Naturschutz mehr Aufmerksamkeit gewidmet. In dem ausgeglichenen, von keinerlei Jahreszeiten unterbrochenen Klima wirken die Vulkanausbrüche und Wirbelstürme umso gewaltiger. Die zerstörerischen Kräfte brechen regelmäßig wie biblische Heimsuchungen über die Inseln herein. Obwohl die Insulaner versuchen, ihre Häuser zu befestigen, sind sie meist machtlos.

Mit Kolumbus fing alles an
»Was werden wir zu sehen bekommen? Marmorbrücken? Tempel mit goldenen Dächern? Gewürzhaine? Menschen, die uns gleichen, oder irgendein fremdartiges Geschlecht von Riesen?« Aus dem Bordbuch von Christoph Kolumbus.

Man kann die Geschichte der Karibik in drei Epochen unterteilen. Unser Wissen über die Zeit bis 1492, die mit der Vertreibung und Vernichtung der indianischen Ureinwohner endet, ist beschränkt, da es sich nur auf die Berichte spanischer Zeitgenossen und archäologische Funde stützen kann. Die zweite Epoche beginnt mit der Eroberung und Ausbeutung durch die europäischen Kolonialherren, während die dritte – gekennzeichnet durch die Emanzipationsbestrebungen nach der Abschaffung der Sklaverei und die Bemühungen um eine stärkere internationale Position – noch andauert.

Die Geschichte der Neuen Welt begann mit der Entdeckung der Westindischen Inseln 1492/93 durch den spanischen Seefahrer Christoph Kolumbus, der glaubte, in Indien gelandet zu sein, weshalb er die Bevölkerung der entdeckten Inseln »Indianer« nannte. Die Spanier ließen sich zunächst auf Hispaniola, dann auf Kuba nieder und kolonisierten von hier aus das südamerikanische Festland. Als dort größere Reichtümer zu locken schienen, verließen sie in Scharen die karibischen Inseln. Ihre Silberflotte übte eine magische Anziehungskraft auf Piraten aller Nationen aus, die seit der Mitte des 16. Jahrhunderts (als Viehzüchter oder Plantagenbesitzer) die kleinen Inseln besiedelten. Mit dem Ende des 16. Jahrhunderts endete die spanische Vorherrschaft, und die anderen europäischen Staaten – allen voran die Niederlande, England und Frankreich – stießen auf ein Machtvakuum, das sie bald für eigene Kolonien zu nutzen verstanden. Während sie den kriegerischen Kariben lieber aus dem Weg gingen, rotteten sie die friedlichen Arawaks praktisch aus. Als Arbeitskräfte importierten sie Millionen von Sklaven aus Afrika. Unter unmenschlichen Bedingungen produzierten sie die in den Mutterländern so begehrten »Kolonialwaren« Zucker, Kaffee, Baumwolle, Kakao, Reis, Indigo und Tabak, mit deren Vermarktung sich ungeheure Gewinne erzielen ließen. Aufgrund ihrer wirtschaftlichen Bedeutung spielte die Region in den europäischen Kriegen des 18. Jahrhunderts eine nicht unwesentliche Rolle.

Zwar lehnten sich die Sklaven immer wieder gegen ihre grausamen Herren auf, aber erst 1791 führte ein erfolgreicher Sklavenaufstand zur Gründung Haitis (1804) – ein Ereignis, das Ängste und Hoffnungen nicht nur auf den anderen Inseln, sondern auch auf dem amerikanischen Kontinent schürte. Das Verbot des Sklavenhandels im britischen Empire (1807) und die anschließende Abschaffung der Sklaverei (1834–1838) hatten ebenfalls Signalwirkung. Die antikoloniale Befreiungsbewegung war in ihrem Streben nach Unabhängigkeit nicht mehr aufzuhalten. Der daraus entste-

Dominica ist die ursprünglichste Insel des Archipels und mit den Tropenwäldern, Schwefelquellen und Wasserfällen ein einzigartiges Naturparadies. Mitten im Urwald stürzen die Wasser des Queen's River bei den Trafalgar Falls 40 Meter in die Tiefe.

hende Mangel an Arbeitskräften wurde durch die Anwerbung asiatischer Kontraktarbeiter, vornehmlich Indern, aufgefangen.

Auch nach dem Zweiten Weltkrieg blieb die Entwicklung in der Karibik von entscheidender Bedeutung für die Weltpolitik. Die Ereignisse in der Folge der Kubanischen Revolution (1959), der Machtkampf zwischen dem amerikanischen Präsidenten J. F. Kennedy und dem russischen Präsidenten Chruschtschow führten zur Blamage in der Schweinebucht, als die CIA 1961 eine Invasion von Exil-Kubanern finanzierte, die von den Sozialisten mühelos abgewehrt wurde. Der Interessenkonflikt der Weltmächte verschärfte das militärische Vorgehen der USA in Vietnam. 1962, als die Sowjetunion Raketen auf Kuba installieren wollte, drohte während der Kubakrise für kurze Zeit, ein globaler Konflikt auszubrechen. Zur Erleichterung der ganzen Welt lenkten die Russen jedoch ein und verzichteten auf ihr Vorhaben.

Der Zusammenbruch der Sowjetunion und das Ende des Kalten Krieges wirkten sich nicht nur auf das sozialistische Kuba aus. Ganz Westindien spielt seitdem strategisch keine entscheidende Rolle mehr. Vor dem Hintergrund der verschiedenen kolonialen Prägungen der karibischen Inseln wäre ein möglicher politischer Zusammenschluss mit erheblichen Schwierigkeiten verbunden. Erweist sich doch bereits der Versuch eines gemeinsamen Vorgehens auf wirtschaftlicher Ebene als problematisch.

Niederlande ohne Regen und Nebel

Die ABC-Inseln Aruba, Bonaire und Curaçao, 60 bis 80 Kilometer vor der venezolanischen Küste gelegen, und die »Drei S« – Sint Eustatius (kurz: Statia), Saba und der südliche Teil von Sint Maarten – bilden die Niederländischen Antillen. Im Gegensatz zu den nördlicheren Inseln werden diese Inseln unter dem Winde von Wirbelstürmen meist verschont. Die Unterscheidung in Inseln unter und über dem Winde (je nach Lage zu den Passatwinden) geht auf die Spanier zurück, denen die Holländer 1634 diese Inseln entrissen. 1499 waren sie von den Spaniern entdeckt worden, die sie aber, aus Enttäuschung darüber, dass sie kein Gold fanden, bald für nutzlos erklärten. Sie nannten Curaçao »Isla de los Gigantes«, weil sie von riesigen Indianern bewohnt wurde. Nach 1621 suchten und fanden hier die Holländer Holz,

Wasser und eine strategisch günstige Stellung zwischen Pernambuco und Neu-Amsterdam. Für den Anbau von Zuckerrohr war es hier schon immer zu trocken, aber Zitrusfrüchte gedeihen hervorragend. Aus der Laraha-Orange wird der berühmte blaue Curaçao-Likör hergestellt. 1868 wurde die Sklaverei auf den Niederländischen Antillen abgeschafft. Die charmante Hauptstadt der Insel, Willemstad, präsentiert in leuchtenden Pastellfarben eine fröhlich tropische Version der holländischen Architektur des 17. Jahrhunderts. Arkaden, Säulen und Giebel zeugen vom europäischen Geschmack der Kolonialherren. Die Willemstader Synagoge von 1732, eine der bedeutendsten Sehenswürdigkeiten in der Karibik, ist das älteste jüdische Gotteshaus der westlichen Hemisphäre.

Die verschwenderische Farbenpracht der Hausfassaden geht auf das Konto des exzentrischen Generalgouverneurs Albert Kickert. Der Vizeadmiral bekam nämlich von den damals üblichen grellweißen Anstrichen Migräne. Kopfschmerzen kann man aber auch bekommen, wenn man zu viel von dem in Curaçao gebrauten Amstelbier trinkt, dem einzigen Bier der Welt aus entsalzenem Meerwasser.

Heimat einer Kaiserin – Martinique

Das gebirgige Martinique ist vulkanischen Ursprungs, und der 1397 Meter hohe Mont Pelée ist noch aktiv. Der letzte Ausbruch liegt allerdings schon 100 Jahre zurück. 1902 begrub er die damalige Hauptstadt St. Pierre, das »petit Paris« Westindiens, unter glühender Vulkanasche. Obwohl sich der Vulkan bereits Monate vorher auf seinen Ausbruch vorbereitete, erkannte niemand die tödliche Gefahr, 29 000 Menschen kamen um; nur ein Betrunkener überlebte in seiner gemauerten Gefängniszelle dieses karibische Pompeji. Regenwald wuchert tropfend am Fuß des Vulkans, der die Landschaft beherrscht. Riesiger Bambus, gewaltige Kastanien- und Mahagonibäume ragen hoch über den farnbedeckten Boden. Weit hinunter hängen farbenprächtige Orchideen und Parasitpflanzen. In der Sprache der Kariben hieß die Insel »Madinia« – Blumeninsel.

Auch um Martinique, die größte der Kleinen Antillen, zankten sich die Engländer und Franzosen vom 17. bis zum 19. Jahrhundert. Britische Schiffe salutieren noch heute, wenn sie am Diamond Rock vorbeifahren. Auf dem 176 Meter hohen Vulkanfelsen im St. Lucia Channel konnten sich die Engländer anderthalb Jahre lang halten. Es ist ein gottverlassener Ort. Schließlich wurde die Insel an die Franzosen verschachert, und es klingt heute unglaublich, was damals offensichtlich beide für einen guten Handel hielten: 1762 erhielt England im

Tausch für Martinique und Guadeloupe von den Franzosen so ausgedehnte Territorien wie Kanada, Ohio/Mississippi, St. Vincent und die Grenadinen sowie Tobago. So wertvoll waren damals Zucker und Gewürze! Martinique ist heute Teil des französischen Territoriums und somit der Europäischen Union. Die Insulaner entsenden Regierungsvertreter nach Paris und genießen die Vorteile der französischen Währung. Als französische Bürger können sie jederzeit in Frankreich leben und arbeiten. Im Vergleich zu den ehemals englisch regierten Inseln ist der Lebensstandard auf den französischen Antillen deutlich höher. Die Straßen sind in gutem Zustand, das Essen schmeckt besser, aber die Preise sind höher als sonst in der Karibik.

Insel mit 365 Stränden – Antigua

Die größte der Inseln über dem Winde, von Kolumbus 1493 nach der Kathedrale von Sevilla benannt, rühmt sich, 365 herrliche Strände zu besitzen – für jeden Tag einen. Die Engländer, die – bis auf ein kurzes Gastspiel der Franzosen – Antigua beherrschten, schätzten die natürlichen Häfen, wo sie in Ruhe die hurrikan- und kampfgeschädigten Schiffe ihrer Majestät reparieren konnten. Als junger Mann diente Horatio Nelson drei Jahre auf Antigua. Damals genoss English Harbour den zweifelhaften Ruf einer Hölle auf Erden. Einer Beschreibung aus dem 18. Jahrhundert zufolge waren die Sitten zügellos, wenn die Matrosen der Kriegsschiffe an Land gingen. Im Schlachtgetümmel der napoleonischen Kriege ging der Admiral 1805 ein zweites Mal hier vor Anker. Heutzutage wird der Hafen der trockenen, staubigen Insel von sehr vielen Seglern als Zwischenstation angelaufen. Im 20. Jahrhundert trug eine Bewegung unzufriedener Schwarzer den Gewerkschaftsführer Vere C. Bird, genannt »Papa«, an die Spitze der Regierung (1949). Nach der Unabhängigkeitserklärung von 1981 wurde er Premierminister. Erst 1994 löste ihn sein Sohn Lester in der Regierung ab. Wohlgemerkt alles in freien Wahlen – wiewohl die Ergebnisse gefälscht oder Resultat massiver Bestechung sein dürften. Obwohl die Regierung Bird erwiesenermaßen zu den korruptesten der Welt zählt, ist der Lebensstandard auf Antigua hoch, und der politische Widerstand hält sich in Grenzen.

Urwald, Schwefelquellen und exotische Früchte – St. Lucia

Die Nachbarinsel Martiniques ist unübersehbar vulkanischen Ursprungs. Kochendheiße Seen, gelbe Schwefeldämpfe über üppig wachsendem, feucht schimmerndem tropischen Grün – die Landschaft auf St. Lucia ist nicht nur außer-

gewöhnlich, sondern auch sehr fruchtbar: Hier wachsen im Überfluss Bananen, Kokosnüsse, Kakao, Zitrusfrüchte und Mangos, nicht zu vergessen die Gewürze Zimt, Nelken und Muskat. Der heutige, unabhängige Staat ist Mitglied des British Commonwealth. Wie Martinique war auch St. Lucia ein zwischen Franzosen und Engländern heftig umstrittenes Objekt der Begierde, was erklärt, warum so viele Orte auf dieser offiziell englischsprachigen Insel französische Namen haben und viele Insulaner lieber Patois sprechen; oft sind sie des Englischen kaum mächtig. 1713 vergab der Sonnenkönig Ludwig XIV. von Frankreich das Land um Soufrière an die Familie Devanux, die Baumwolle, Tabak, Kaffee und Kakao anbaute. Fast hundert Jahre später hatten Sklaven im Rausch der Französischen Revolution auf dem Hauptplatz bereits eine Guillotine für die weißen Plantagenbesitzer errichtet. Erst in letzter Minute verhalfen diesen treue Diener zur Flucht.
Südlich von Soufrière liegt der einzige Vulkan der Welt, in den man hineinfahren kann: Von ursprünglich sieben dampfzischenden Schwefelquellen ist nur noch eine aktiv. Der Sage zufolge schlief in dieser streng riechenden Mondlandschaft aus blubberndem, grauem Schlamm die Göttin Yokaku, der die Arawaks Menschenopfer darbrachten.

Heiß, grell und laut – karibischer Karneval

Auf fast jeder Karibikinsel wird leidenschaftlich Karneval gefeiert. Mehr noch als in nördlicheren Ländern erfüllt er auch eine soziale Ventilfunktion. Die Massen feiern begeistert die neuen politisch inspirierten Calypso-Songs, die bissig und boshaft politische und soziale Missstände aufs Korn nehmen. Unter den verrückten, unheimlichen Kostümen spielen die Unterschiede zwischen Armen und Reichen, Schwarzen, Indern und Weißen keine große Rolle mehr. Im versöhnlichen Rausch, Rum und Rhythmus gelten andere Maßstäbe – Tag und Nacht locken die Trommeln verkleidete und bemalte Freunde des »Carnival« zum wilden Tanz auf die Straßen. Das Zentrum des karibischen Karnevals ist Port of Spain, die Hauptstadt von Trinidad, wo Zehntausende zur erotischen Feier der Sinne drängen. Hier kocht und brodelt es schon Tage, bevor »De Mas«, die »Fete«, beginnt. Jedes Jahr von neuem versuchen die Insulaner, sich mit aufwendigen, bizarren Kostümen gegenseitig zu übertreffen.

Der Alltag in der Karibik ist gemächlich – Hektik und Eile sind nahezu unbekannt. Das gilt auch in Soufrière auf St. Lucia am Fuße der Pitons.

Markenzeichen sind die liebevoll bunt bemalten Häuschen, Ausdruck der Lebensfreude der Menschen auf den Westindischen Inseln.

Cuba libre!

Mit dem nach der Revolution verhängten Embargo der USA verlor Kuba seinen mit Abstand wichtigsten Handelspartner. Die Fronten sind heute verhärtet wie eh und je. Der frühere Glanz des »Cuba socialista« ist erloschen, aber der »maximo lider« hält trotz des Scheiterns anderer kommunistischer Länder, trotz des Zusammenbruchs der Sowjetunion und trotz der fortschreitenden wirtschaftlichen und sozialen Misere in Kuba selbst und dem Massenexodus von 1994 an dem von ihm geschaffenen politischen System fest. Der Sohn eines Großgrundbesitzers lässt sich zwar zur Wahrung des inneren Friedens immer mehr Konzessionen in Richtung Privatisierung und Marktwirtschaft abringen, ist aber zu einer wirklichen Neuorientierung (noch) nicht bereit. Die amerikanische Regierung dagegen schielt auf die Wählerstimmen der über eine Million zählenden Exil-Kubaner in Miami, die überwiegend eine Politik der Unnachgiebigkeit fordern und unterstützen. Eine eventuelle Herrschaft dieser unversöhnlichen Hardliner wird von der kubanischen Bevölkerung allerdings rundheraus abgelehnt. Inzwischen nimmt zwar der politische Druck aus Europa und den lateinamerikanischen Nachbarländern zugunsten einer Aufhebung des US-Embargos zu, und langsam greifen auch die kubanischen Wirtschaftsreformen, aber eine Lösung des Problems ist in absehbarer Zeit nicht zu erwarten.

Seite 22/23:
Dieser Traumstrand gehört zu der kleinen Insel Palm Island in den Grenadinen, die Union Island vorgelagert ist. In den 20er-Jahren des 20. Jahrhunderts verpachtete die Regierung von St. Vincent die damals vegetationslose Insel an den Amerikaner John Caldwell auf 99 Jahre für einen US-Dollar pro Jahr. Er begann Prune Island, wie sie damals hieß, mit Palmen aufzuforsten und baute Bungalows für Gäste. Heute ist die Insel einer der komfortabelsten Plätze in der Karibik.

Seite 24/25:
Keine Passagier-Reederei, die ihre Traumschiffe nicht in der Karibischen See auf die Reise schickt: Die schwimmenden Luxushotels sind allerorts präsent und produzieren ihre eigenen Stimmungsbilder, wie hier vor Castries Harbour auf St. Lucia.

Kleine Antillen –
Von den ABC-Inseln zu den Virgin Islands

Carlisle Bay auf Antigua füllt ihr Türkisblau mit einem Meer an weißen Segeln, wenn herausragende Seglerveranstaltungen stattfinden wie die Classic Regatta, die Antigua Sailing Week oder die Antigua Yacht Show.

Von den Niederländischen Antillen, den ABC-Inseln Aruba, Bonaire und Curaçao vor der venezolanischen Küste, folgt Insel um Insel, meist in Sichtweite, bis zu den Virgin Islands, den Jungferninseln im Norden vor Puerto Rico. Größtenteils sind sie vulkanischen Ursprungs und die Ursache ihrer Existenz ist immer gegenwärtig: 1997 versank nach einem Vulkanausbruch die Hälfte des grünen Gartens von Monserrat unter einem Ascheregen und 1902 starben alle 29 000 Einwohner von St. Pierre, der Hauptstadt von Martinique, in einer Glutwolke. Nur ein Mensch überlebte – hinter dicken Gefängnismauern. Die geologische Geschichte bietet auch einzigartige Sehenswürdigkeiten, wie die beiden Pitons auf St. Lucia, Schlote früherer Vulkane, heute charakteristische Landmarken, weit über das Meer sichtbar.

Gegenwärtig auf allen Inseln ist die koloniale Geschichte. In Saba findet man, abgesehen vom tropischen Klima, die Idylle Hollands, auf Martinique lauert an jeder Ecke Frankreich und auf Antigua sind Schuluniformen wie in England Alltag. Der sehr individuellen Interpretation von Verkehrsregeln widerspricht die ausgesprochene Rücksichtnahme von Autofahrern gegenüber Fußgängern auf den American Virgin Islands – trotz des Linksverkehrs wähnt man sich in den USA. Aber hier ist auch Afrika. Die Menschen, deren Vorfahren als Sklaven auf die Zuckerrohrfelder der Inseln verschleppt wurden, haben ihr Erbe nicht vergessen und eine eigene Kultur hervorgebracht. Die kreolische Küche ist ein Genuss und die Musik hat die Welt erobert.

Weiße Strände, türkisblaues Wasser und die schattenspendenden Palmen sind nicht unwesentliches Beiwerk, um aus den Inseln ein Paradies zu erschaffen, das in den Tobago Cays der Grenadinen einen Höhepunkt findet und in den zahllosen Buchten jeden Eilandes Variationen bereithält.

Linke Seite:
Kaum zu glauben,
dass dieser Strand,
Eagle Beach, zu den
Niederlanden gehört:
Aruba zählt zu den
Niederländischen
Antillen und ist der
Küste Venezuelas
vorgelagert.

An der Ostküste von
Aruba liegt eine von den
Elementen geschaffene,
kühn geschwungene
Felsenbrücke. Hier ist das
Revier der Surfer. Der stete
Nord-Ost-Passat bringt
Wind und Wellen, die dem
fortgeschrittenen Surfer
ein Vergnügen sind.

Wie der Eagle Beach,
liegen auch die Strände
von Palm Beach am
Nordwest-Ende von Aruba
und zeichnen sich durch
feinsten weißen Korallen-
sand aus. Sie liegen
im Windschatten der Insel
und sind das reinste
Badeparadies.

29

Links:
*Willemstad ist die Haupt-
stadt von Curaçao, dem
«C« der ABC-Inseln,
und zählt zu den Nieder-
ländischen Antillen.
Die Giebelhäuser und*

*Grachten an der Breede-
straat versetzen den
Besucher nach Holland,
wären da nicht die heißen
Temperaturen und die
hohe Luftfeuchtigkeit.*

Links Mitte:
*Auch in Oranjestad auf
Aruba, dem »A« der
ABC-Inseln, haben sich
die Wurzeln der nieder-
ländischen Eroberer
erhalten. Die Insel wurde
1499 vom Spanier Alonso*

30

de Ojeda entdeckt.
1636 wurden die Spanier
von den Niederländern
verdrängt und 1643
erlangte Peter Stuyvesant
den Gouverneursposten der
Niederländischen Antillen.

Links unten:
Trotz aller nieder-
ländischen Traditionen
verschafft sich die
karibische Kultur ihren
Platz. Die grell-bunte
Hausfassade in Oranjestad
auf Aruba ist ein farben-
frohes Zeugnis.

Unten:
Willemstad auf Curaçao
ist nicht nur idyllische
Hauptstadt, sondern auch
Hafenstadt. Die Fassaden

der alten Kaufmanns-
häuser sind eine passende
Kulisse für das Fracht-
schiff, das aufs offene
Meer geschleppt wird.

Unten:
Hier ist Südamerika ganz nahe: Der Blick von Playa Abou auf Curaçao reicht eher zur Küste Venezuelas als zur Nachbarinsel Aruba.

Rechts:
Der grüne Leguan (Iguana iguana) ist im Norden Südamerikas heimisch und kommt auch auf Aruba recht häufig vor. Die Reptilienart gehört zu den Pflanzenfressern.

Rechts Mitte:
Der Arikok National Park hat sich zur Aufgabe gemacht, die Flora und Fauna von Aruba zu erhalten. Besonders typisch sind die häufig vorkommenden Säulenkakteen.

Rechts :
Nicht nur auf Aruba, auf allen Inseln der Karibik, die der Nordküste Venezuelas vorgelagert sind, kommen auch verschiedene Arten von Feigenkakteen vor. Diese werden bis 1,5 Meter hoch und sehen aus, als wären sie aus einzelnen Blättern zusammengesetzt.

Die Exponate des historischen Museums von Oranjestad auf Aruba berichten von der kolonialen Vergangenheit der Insel und von den Lebensumständen der Sklaven. Hauptumschlagplatz des niederländischen Menschenhandels waren im 17. Jahrhundert die ABC-Inseln.

Das alte Holland ist auf Aruba allgegenwärtig und das »Mill Restaurant« am Palm Beach wirbt mit einer Windmühle.

Der schönste Karneval der Karibik wird auf Trinidad gefeiert. Drei Tage sind die Straßen um den Queen's Park Savannah in Port of Spain ein Hexenkessel – eine Mischung aus afrikanischer Mystik und karibischer Ausgelassenheit.

Der Karneval wird ekstatisch gefeiert – alle bewegen sich zum Klang des Calypso der Steelbands und viele Gruppen mit aufwendigen Kostümen ziehen in einer Parade durch Port of Spain auf Trinidad.

Rechte Seite:
Jeder Einzelne hat seine eigene Show und je schriller das Kostüm, desto mehr Aufmerksamkeit ist einem gewiss.

Trinidad birgt einzigartige Naturparadiese – anders als viele der südlichen Inseln der Karibik, die extrem trocken sind und um jeden Tropfen Wasser bangen, gibt es hier tropische Üppigkeit. Um Flora und Fauna des Caroni Swamp zu erkunden, benutzt man am Besten das Boot.

Das Asa Wright Nature Center, nördlich von Arima auf Trinidad gelegen, beherbergt ein Vogelschutzgebiet auf dem Areal einer ehemaligen Plantage. Neben Kolibris sind hier auch zahlreiche andere Vogelarten heimisch.

Im Asa Wright Nature
Center auf Trinidad sind
auch Stärlinge beheimatet,
die die auffälligen Beutel-
nester bauen. Sie zählen
zu den Nektartrinkern
und sind truppbildende
Singvögel.

Die Maracas Bay, von
Palmen umsäumt, liegt
im Norden Trinidads und
ist die berühmteste Bucht
der Insel. Die weißen
Strände und das warme
Wasser lohnen allemal
einen Besuch, ebenso
die Spezialität des hier
zubereiteten Hais.

Links:
Horres Julyen lebt auf Tobago, der kleineren Insel des Zwillingsstaates Trinidad & Tobago. Es ist noch ein kleines unentdecktes Paradies in der Karibik und das »Lend a hand« – pack mit an – ist hier noch selbstverständliche Tradition.*

Links Mitte:
So üppig das Grün, so angenehm das Klima – so freundlich und fröhlich sind auch die Menschen auf Tobago, von Kindesbeinen an.

Links unten:
*Auf Tobago grünt
und blüht es üppig –
dennoch holt man sich
die Natur auch in Töpfen
ans und ins Haus.*

Unten:
*Tobago soll die Insel
gewesen sein, die für
lange Jahre Robinsons
Heimat war. Und man*

*kann sich durchaus
vorstellen, dass er nach
seinem Schiffbruch an den
weißen Strand von Crafton
Beach gespült worden war.*

Rechte Seite und rechts:
Das Fort King George über der Hauptstadt Scarborough von Tobago wurde 1779 erbaut. Später kam ein Leuchtturm hinzu (rechte Seite), um den Seefahrern sicheres Geleit zu geben. Der Blick von Fort King George hinunter in die Rockly Bay ist atemberaubend schön, und hier ist auch ein beliebter Ankerplatz der Kreuzfahrtschiffe, die die Insel häufig ansteuern.

Im Süden entlang der Westküste findet man die besten Badestrände, zu denen auch Pigeon Point gehört. Von hier aus bieten sich auch Bootsausflüge zum Tauchen und Schnorcheln zu den vorgelagerten Korallengärten des Buccoo Reef an.

SIR FRANCIS DRAKE – FREIBEUTER UND PIRAT VON KÖNIGLICHEN GNADEN

Es waren die mit den Reichtümern schwer beladenen Handelsschiffe aus der Neuen Welt, die Begehrlichkeiten weckten. Die spanischen Galeonen lagen tief im Wasser und waren schwer zu manövrieren. Ein leichtes Ziel, das reiche Beute versprach.

Im Jahre 1523 kaperten korsische Freibeuter einen für Karl V. bestimmten Transport. Die Spanier waren schlecht gerüstet und nach kurzem Kampf fielen den Korsaren zwei Schiffe in die Hände, ein drittes war entkommen. Die Ladung: 612 Pfund Perlen, 450 Pfund Goldstaub, riesige Truhen mit Gold- und Silberbarren – ein Schatz, der alle Vorstellungen übertraf. Bald stellte sich heraus, dass die Freibeuter im Auftrag Königs Franz I. von Frankreich, Rivale Karls V., ihren Raubzug ausführten. Frankreich wie England schauten damals mit Neid auf Spanien. Dessen Weltreich wuchs und gedieh, Pracht und Wohlstand mehrte sich im Mutterland in einem nie gekannten Maß.

Spanien nahm die Herausforderung nach den Überfällen an. Es stellte die kleinen Handelsflotten zu schwer bewachten Geleitzügen zusammen und bis zu 80 Schiffe fuhren im Verband gen Europa. In Havanna vereinigten sich Flotten aus dem Süden von Cartagena (Kolumbien) und Nombre de Dios (Panama) mit denen aus dem Norden von Veracruz (Mexiko) für die beschwerliche Reise über den Atlantik. Die Lagerplätze der kostbaren Fracht, wie Santiago de Cuba, Santo Domingo und San Juan, wurden nach Überfällen und Plünderungen zu raffinierten Festungen ausgebaut.

Ein unbesiegbarer Kapitän auf sagenhaften Beutezügen

Diese Maßnahmen sollten Spanien auch vor Francis Drake (1539–1596) schützen, dem berühmtesten aller Piraten. Er erlernte bereits mit 14 Jahren das Handwerk der Seefahrt und war Matrose auf einem kleinen Küstenschiff, das Lotsendienste für französische und niederländische Handelsschiffe an der englischen Kanalküste erfüllte. Später betätigte er sich im Sklavenhandel an der afrikanischen Westküste. 1571 unternahm er dann mit der Swan, einem kleinen Schiff von gerade einmal 25 Tonnen, eine erste Erkundungsfahrt in die Karibik, an die Ostküste von Panama. Im darauffolgenden Jahr führte ihn eine weitere Reise dorthin. Jetzt mit zwei Schiffen und einer bis an die Zähne bewaffneten Mannschaft. Ziel war Nombre de Dios, Umschlagplatz von Edelmetallen, die die Spanier erbeutet hatten. Nach der Eroberung der Stadt drangen Drake und seine Leute in das Haus des Gouverneurs vor und fanden Silber aufgestapelt: 70 Fuß lang, 10 Fuß breit und 12 Fuß hoch! Sie ließen das Silber jedoch zurück, da Drake von einer Gewehrkugel verletzt und der Abtransport zu schwierig war, aber vor allem wegen der Hoffnung auf wertvollere Beute: Gold und Juwelen. Dann, über ein halbes Jahr später, war es soweit: Inzwischen hatte Drake mithilfe von entlaufenen Sklaven, den sogenannten Cimarrones, einen Goldtransport auf Mauleseln aus dem Hinterland nach Nombre de Dios aus gekundschaftet. Der Überfall gelang, und 100 000 Pesos in Gold (genug um seinerzeit 30 Schiffe auszurüsten) konnten an Bord geschafft werden. Das Silber, immerhin 15 Tonnen, musste zurückgelassen werden, da es zu viel, zu schwer und angesichts der spanischen Übermacht nicht schnell genug abzutransportieren war.

Die Nachricht von der Rückkehr des unbesiegbaren Kapitäns mit dem sagenhaften Goldschatz nach England am 9. August 1573 verbreitete sich in Windeseile im ganzen Land. Königin Elisabeth I. hatte wohl ihre Freude an der Niederlage ihres Erzrivalen Spanien durch einen Abenteurer, tat dies jedoch aus diplomatischen Gründen nicht öffentlich kund. Am 15. November 1577 lief Drake erneut aus, nicht offiziell in englischen Diensten, aber ausgestattet mit 1000 Kronen aus der Privatschatulle Elisabeths, aus denen Drake 47000 Kronen machte. Die Fahrt führte durch die Magellanstraße an der Südspitze Amerikas in den Pazifik und

Oben:
Die Karte aus dem 17. Jahrhundert zeigt die Fahrt, die Francis Drake 1585 –1586 unternommen hatte.

Links:
Cimarrons, Banden von entlaufenen afrikanischen Sklaven, gab es in der ganzen Karibik. Sir Francis Drake nutzte ihre Fähigkeiten als Pfadfinder.

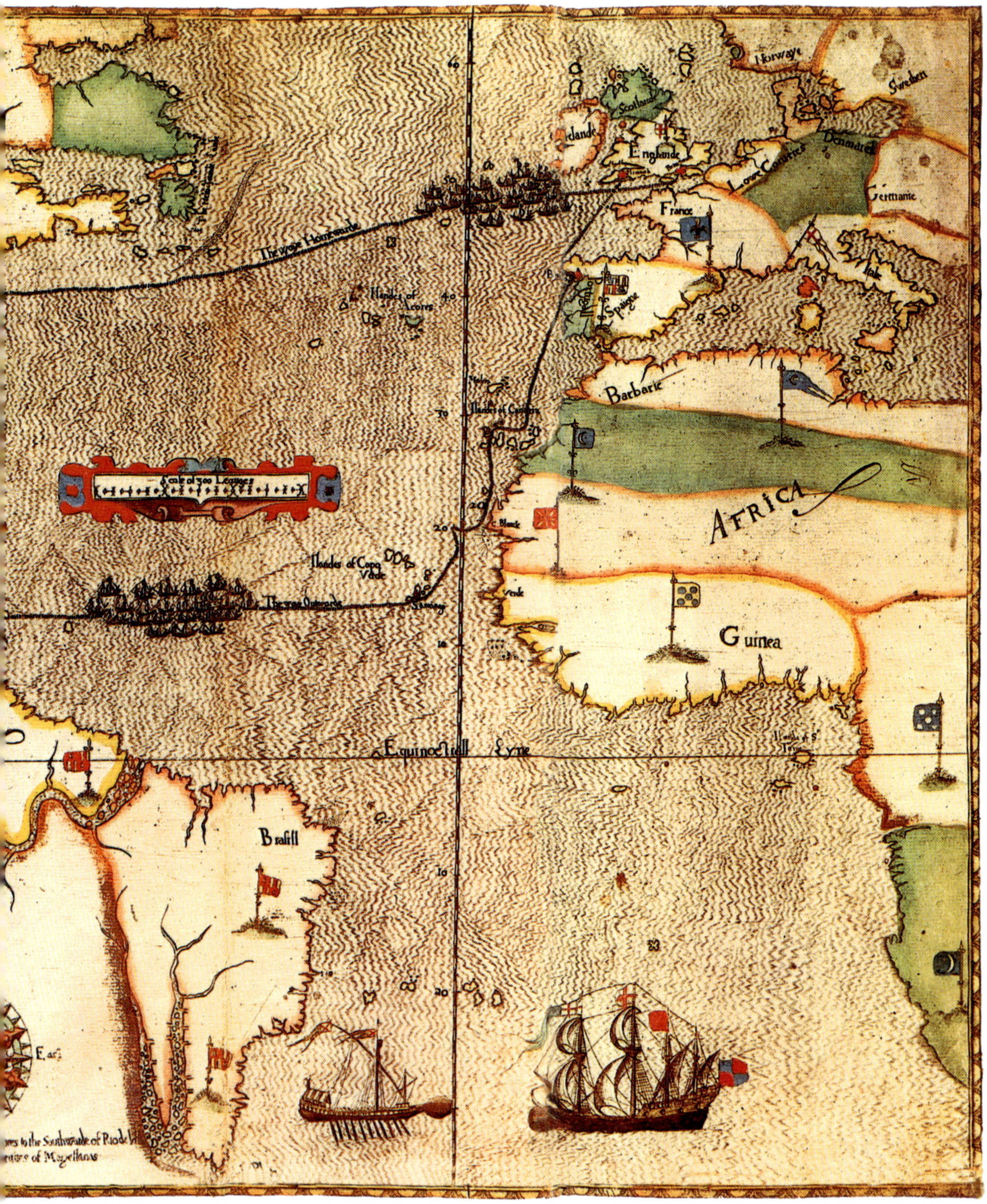

wurde mit der durchdachten Taktik Drakes zu einem fantastischen Raubzug auf Kosten der Spanier. Durch seine Weitsicht, nicht durch die von den Spaniern beherrschte Magellanstraße zurückzukehren und stattdessen eine Weltumsegelung zu wagen, brachte er die Schätze nach England.

Sir Francis Drake, von Elisabeth I. 1588 nach der Schlacht gegen die spanische Armada in den Adelsstand erhoben, ist nun auf dem Höhepunkt seines Lebens. Seine Reisen 1585 und 1595 in die Karibik waren nach wirtschaftlichem Ermessen weniger erfolgreich, aber führten zu einem zunehmenden und nachhaltigen Einfluss der Engländer, Franzosen und Niederländer in der Region. Auf seiner letzten Reise fand Sir Francis Drake durch ein Fieber seinen Tod.

Links:
Nombre de Dios war der Umschlagplatz von spanischem Silber und Ziel von Drakes Überfall.

Rechts oben:
Eine zeitgenössische Darstellung zeigt den Freibeuter Sir Francis Drake, der von seinen spanischen Gegnern »El Draque«, der Drache, genannt wurde.

Rechts:
Der Kupferstich zeigt Drakes »Golden Hind« (Vordergrund) beim Überfall auf das spanische Schatzschiff »Cacafuego«.

Rechts:
Unbestritten gilt das „Maca Bana" am Magazin Beach Grenadas als Hideaway der Extraklasse, was allein schon der Blick vom Pool der exklusiven Villen auf St. George's in der Ferne beweist.

Links:
*Die Morne-Rouge-Bucht
mit dem feinsandigen
Strand, umrahmt von
grünen Hügeln, liegt quasi
vor der Haustüre von
Grenadas Hauptstadt –
hier liegen beste Hotels,
wie das Laluna, die
einladen, den Winter in
der Karibik zu verbringen.*

Oben:
Der Hafen von St. George's, der Hauptstadt von Grenada, ist gut geschützt und Umschlagplatz der Waren, die die Wirtschaft der Insel in Gang halten. Aber ebenso machen in der Bucht Fischerboote und Yachten fest.

Rechts:
Neben der Muskatnuss (rechts) sind auch Gewürznelken, hier die Zweige des Strauchs (ganz rechts), wichtiges Exportgut für Grenada.

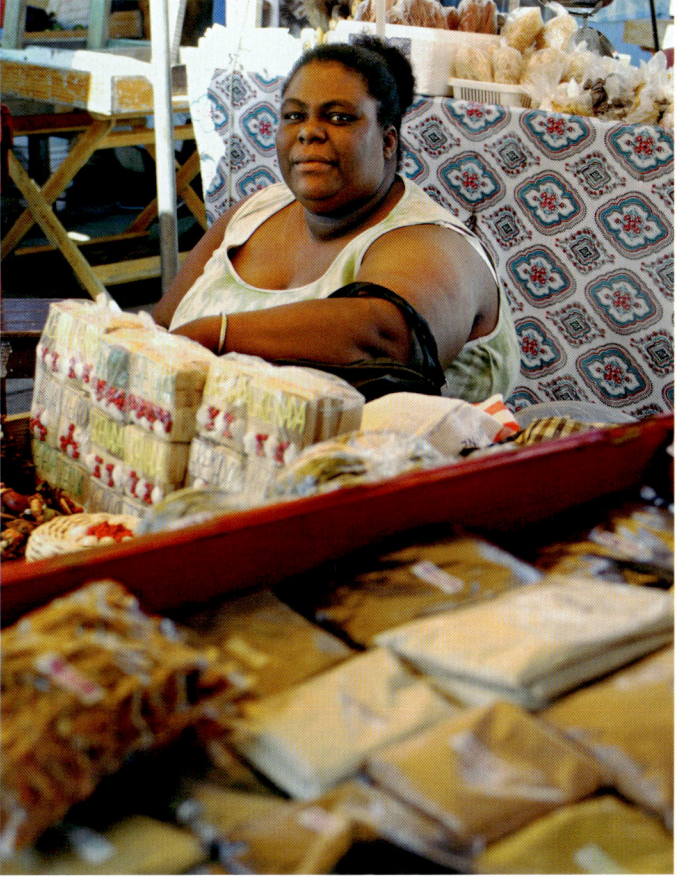

Oben:
Um den Hafen Carenage von St. George's gruppieren sich die Häuser. Gerade einmal 10 000 Einwohner beherbergt die Hauptstadt und, wenn man in den Hafen einfährt, scheint hier ein Hort der Sicherheit, der vor den Unbilden des Meeres schützt.

Links:
Der Samstagsmarkt von St. George's bietet die Produkte von Grenada in aller Vielfalt feil und Gewürze in allen Variationen. Und überall in den Gassen spielen die Kinder – die Straßen sind das Kinderzimmer.

Seite 48/49:
An der Hafenmole von
St. George's warten
Marktfrauen vor der
blauen Kulisse des
Meeres auf Käufer ihrer
heimischen Früchte.

Unten:
Die Aras zählen zu
einer Gattung großer,
langschwänziger Papa-
geien, die sowohl in den
tropischen Regenwäldern
Mittel- und Südamerikas,

als auch auf Grenada
heimisch sind. Dieser hier
im Grand Etang National
Park ist an die Menschen
gewöhnt und posiert vor
den Besuchern.

Rechts:
Große Teile von Grenada
sind noch immer von
dichtem Regenwald
bedeckt, einer tropischen
Vielfalt von Bäumen,
Farnen und Blumen – hier

wachsen Avocados, Kakao,
Papayas und Mangos als
wäre es der Garten Eden.
Vom Mount Rodney Estate
geht der Blick über üppig
grüne Vegetation hinüber
zu den Grenadinen.

Auf Grenada gibt es zahllose kleine Muskatnuss-Fabriken – in mühsamer Arbeit werden sie sortiert und für den Export vorbereitet. Obwohl Grenada heute der weltweit größte Muskatnuss-Produzent ist, gelangte der Muskatnussbaum erst Mitte des 19. Jahrhunderts aus Asien hierher. Inzwischen hat die kleine Nuss bereits staatstragende Bedeutung – sie wird im Wappen geführt.

Die fleischige Frucht des etwa 15 Meter hohen immergrünen Muskatnussbaums birgt einen einzigen Samen – die Muskatnuss. Nach der Ernte wird diese getrocknet und zum Schutz vor Insekten in Kalkmilch getaucht.

Fort George, die Befestigungsanlage von St. George's, Grenada, wurde 1705 von den Franzosen erbaut. Die alten Kanonen schützten einst die Stadt, deren Häuser an den Hängen des fjordähnlichen Hafens errichtet wurden.

Nach den Unruhen und der Besetzung Grenadas durch US-Truppen 1983 ist wieder Ruhe eingekehrt. Die örtliche Polizei, die Fremden höflich und gerne Auskunft gibt, ist Garant für die Sicherheit.

Links:
Ein Archipel kleiner und kleinster Inseln mit feinsten weißen Stränden inmitten von kristallklarem Wasser machen die Grenadinen zu einem der schönsten Plätze in der Karibik. Viele der Inseln können nur mit dem Boot erreicht werden, aber dann hat man den Strand für sich allein.

Links Mitte:
Die meisten Segler sind zwei bis drei Wochen mit einem Charterboot unterwegs, um die Grenadinen mit den umliegenden Inseln zu erkunden. Aber

man kann auch Boote für einen Tagesausflug mieten. Der erfahrene Skipper bringt die Gäste dann zu den besten Stränden.

Unten und links unten:
Fünf kleine Inselchen, die Tobago Cays, zählen zu den beliebtesten Zielen der Segler. Umgeben von einem hufeisenförmigen Riff, ankert man hier sicher in türkisblauem Wasser. Das vorgelagerte Korallenriff ist ein herrliches Schnorchelrevier, das die Schönheit der karibischen Unterwasserwelt offenbart.

Seite 56/57:
Union Island ist gerade einmal sieben Quadratkilometer groß und wird wegen seiner grünen Gipfel und den palmenbestandenen Stränden oft auch »Tahiti der Karibik« genannt. Der Blick geht von den Liegeplätzen der Segelyachten vor dem Hauptort Clifton hinüber zur »Robinson-Insel« Palm Island, einer Privatinsel, auf der man sehr komfortabel unterkommen kann.

Mustique, eine Bilderbuch-Insel, ist fest in der Hand der Prominenz. Von Mick Jagger bis Prinzessin Margaret haben die Reichen und Schönen hier ein Domizil. Die eigentliche Geschichte der Insel begann 1959, als der Schotte Collin Tennant sie für 45 000 britische Pfund erwarb, einzelne Grundstücke verkaufte und eine hervorragende Infrastruktur schuf, die höchsten Ansprüchen genügt.

Basils Bar ist der wichtigste Treffpunkt auf Mustique und gelegentlich lässt sich auch die Prominenz auf einen Drink hier sehen. Meist kehren jedoch Segler hier ein – anderen Besuchswilligen gegenüber hat sich die Insel abgeschottet.

Rechte Seite:
Häuser und Anlagen sind auf Mustique bestens gepflegt. Dafür sorgt eine Service-Gesellschaft, die auch die ausgefallensten Wünsche der reichen Einwohner erfüllt.

Links:
Cocktails gehören zur Karibik ebenso wie das Türkis des Wassers. Ob nun der Caipiriña, Piña Colada, Daiquirí oder ein anderer Cocktail – am besten schmecken sie als Sundowner in einer kleinen Bar am Strand unter Palmen mit Blick aufs Meer.

Unten und rechts:
In der Küche der Karibik spiegelt sich ihre 500-jährige Geschichte wider und bietet kulinarische Vielfalt, die Ihresgleichen sucht. Die Einflüsse der Ureinwohner, der europäischen Kolonialmächte, der Sklaven aus Afrika und der Arbeitskräfte aus Indien geben den Gerichten ein unverwechselbaren Charakter.

Bei den Zutaten spielen Fisch und Schalentiere die wichtigste Rolle, tropische Obst- und Gemüsesorten, Reis, Maniok und Kochbananen sind herrliche Beilagen. Gewürzt wird mit Chili, von mild (selten) bis extrem scharf – die Anzahl heimischer Sorten ist unüberschaubar. Ganz wichtig sind auch Nelke, Muskatnuss, Ingwer, Zimt, Piment, Koriander ...

Künstler Baillar hat sich der Malerei verschrieben und kann sich keinen besseren Platz für sein Leben vorstellen.

Rechts unten:
Im Old-Hegg Turtle Sanctuary auf Bequia nimmt man sich der gefährdeten Wasser-

schildkröten an. In freier Wildbahn sind die Tiere nur selten und sehr schwer zu beobachten.

63

Links:

Barbados, traditions-
bewusstes Mitglied des
Britischen Commonwealth,
war über 300 Jahre in
britischem Besitz und ist
seit 1966 unabhängig. Die
Insel wechselte nicht wie
andere mehrfach den
Herrscher und ist bis heute
»very british«. Das Hotel
Royal Pavilion pflegt diese
Tradition und gilt als
eine der komfortabelsten
Unterkünfte von Barbados.

Unten:

An der Südküste von
Barbados bieten sich
herrliche Ausblicke.
Obwohl neben St. Thomas
(American Virgin Islands)
am dichtesten besiedelt,
bemerkt man dies kaum
bei einer Fahrt über die
Insel. Zwischen Wäldern,
Palmenhainen und
Zuckerrohrplantagen sind
Herrensitze und kleine
Siedlungen eingestreut.

Oben:

Barbados bietet beste
Voraussetzungen für
einen Urlaub: lange weiße
Sandstrände, Unterkünfte
aller Klassen und wie am
Rockley Beach kann man
überall Surfbretter und
andere Wassersport-
ausrüstungen mieten.
Die Präsenz der örtlichen
Polizei hat eher deko-
rativen Charakter – man
fühlt sich sehr sicher auf
der Insel.

65

Zuckerrohr, Zucker, Rum –
der Weg zum Cuba Libre

Rum ist die Essenz der Karibik und wie kein anderes Getränk mit der Geschichte der Karibik verwoben. Durch den Anbau von Zuckerrohr und die Herstellung von Zucker gelangten die Plantagenbesitzer auf dem Rücken von unzähligen Sklaven zu unermesslichem Reichtum. Im Handel mit Europa wurde der süße Stoff zwar nicht mit Gold aufgewogen, aber ein Vergleich mit dem Aufstieg der modernen Ölstaaten ist möglich.

Zuckerrohr, das nicht ursprünglich auf den Westindischen Inseln heimisch ist, wurde aus Brasilien importiert. Das günstige Klima ließ den Anbau zu einem großen Erfolg werden und bereits 12 bis 18 Monate nach dem Einpflanzen erfolgte die Ernte. Die harte und schmutzige Arbeit wurde von Sklaven erledigt, ebenso wie das Auspressen des Zuckerrohrsaftes an den eisernen Walzen. Anfangs von Menschenkraft betätigt, wurden sie später durch Dampfmaschinen angetrieben. Damals wie heute wird der Saft durch Kochen und Verdampfen zu einem dickflüssigen Sirup eingedickt. Erneut erhitzt, bilden sich dann bei der Abkühlung Kristalle. In Zentrifugen werden diese Kristalle von der Füllmasse getrennt – in braunen Rohzucker und Melasse.

Nun kann die Rumherstellung beginnen: Die Melasse wird mit Wasser verdünnt, mit Nährstoffen angereichert und in Gärbottichen einem Fermentierungsprozess unterzogen. Im nächsten Schritt wird die recht unansehnliche Flüssigkeit destilliert. Resultat des ersten Brandes ist der weiße Rum. Der Vorgang der Destillation wird dann mehrfach wiederholt, um den »Common Rum«, den braunen Rum, zu gewinnen. Die Lagerung von zwei bis zehn Jahren und das Verschneiden von verschiedenen Jahrgängen bringt einen individuellen Rum hervor, der sich je nach Brennerei und von Insel zu Insel unterscheidet.

Einem Drink steht nun nichts mehr im Wege: Rum wird selten pur getrunken außer in den Rum Shops und einfachen Bars auf Barbados. Meist stehen Mixgetränke auf der Hitliste. Legendär ist der Cuba Libre, der seinen Namen von amerikanischen Soldaten erhalten haben soll, die gemeinsam mit den Kubanern die Spanier von der Insel vertrieben. Die Amerikaner brachten Coca Cola aus ihrer Heimat mit, das sie mit Gin gemischt tranken. Als dieser zur Neige ging, griffen sie in ihrer Verzweiflung auf den heimischen Rum zurück und waren von dem neuen Getränk so begeistert, dass sie es nach ihrem Schlachtruf benannten – »Cuba Libre!«

Cuba Libre

- Eiswürfel
- 1 Teil weißer Rum (aber auch ein lokaler dunkler Rum kann bestens passen)
- 2 Teile Coca Cola
- Saft einer halben Limette
  Zutaten miteinander vermischen.

Ebenfalls untrennbar mit Kuba ist der Name Ernest Hemingway verbunden und seine Barbesuche mit dem Mojíto. Es ist das kubanische Nationalgetränk und wird überall gemixt. Wer auf Hemingways Spuren wandelt, genießt seinen Mojíto am besten in der Bodeguita del Medio in Havanna, der Lieblingsbar des Schriftstellers.

Mojíto

- 6 cl weißer Rum
- Saft einer halber Limone
- 1 Teelöffel Zucker
- gestoßenes Eis
- 6 Pfefferminzblättchen
- Sodawasser
  Zucker im Limonensaft auflösen, die Pfefferminzblättchen darin zerdrücken, mit Rum, Eis und Sodawasser auffüllen und alles gut umrühren.

Für den Rum Punch gibt es mindestens so viele Rezepte wie Inseln in der Karibik – ein traditionelles stammt von Barbados.

Rum Punch

- 4 Teile Rum
- 4 Teile Sodawasser
- 1 Teil Limettensaft
- 2 Teile Zuckersirup
- ein paar Tropfen Angostura
- eine Prise Muskat
  Die Zutaten werden miteinander vermischt und mit viel Eis serviert.

Ob nun der Caipiriña, Piña Colada, Daiquirí oder ein anderer Cocktail – am besten schmecken sie als Sundowner in einer kleinen Bar am Strand unter Palmen mit Blick aufs Meer.

Links:
Die Ernte des Zuckerrohrs, das den Grundstoff für Rum bildet, ist auch heute noch eine harte und schmutzige Arbeit, die meist von Tagelöhnern erledigt wird.

Oben:
Jamaika ist einer der wichtigsten Rumproduzenten der Karibik – stolz zeigt man die Keller, in denen der Rum durch Lagerung die richtige Reife erhält.

Rechts:
Das Lieblingsgetränk
Hemingways war der
Mojíto (rechts ganz oben),
einer seiner liebsten
Aufenthaltsorte die Bar
»La Bodeguita del Medio«
in Alt-Havanna (rechts).

Der Daiquirí, ebenfalls
ein typisch karibischer
Cocktail auf Rumbasis,
zubereitet in der Bar
»El Floridita« in Havanna
(rechts Mitte).

Die Kunst der Karibik ist wie die Inseln selbst: bunt und voller Lebensfreude. Der Kunstmaler Neville Oluyemi Legall lebt auf Barbados und zeigt gerne seine Werke, die er auch zum Kauf anbietet.

Das Dominospiel ist gewissermaßen eine Art von Nationalsport und kann an jedem Platz ausgeführt werden. Die Umstehenden beobachten nicht nur das Spiel, sie stehen auch gerne mit Ratschlägen zur Seite.

Bridgetown, 1648 gegründet, ist mit heute 100 000 Einwohnern die Hauptstadt von Barbados. Über den Careenage Harbour blickt man zum Trafalgar Square mit den neugotischen Public Buildings (links). Nirgendwo in der Karibik fühlt man sich England näher als hier, neben der Architektur trägt auch das sehr distinguiert gesprochene Englisch dazu bei.

Gemischtwarenladen oder Kneipe? Diese Unterscheidung braucht man auf Barbados nicht zu treffen. Kleine Geschäfte bieten alles für den täglichen Bedarf und nach dem Einkauf setzt man sich zu einem Getränk an die Bar.

Unten:
Kingstown auf St. Vincent ist von Vulkanbergen umgeben und verfügt über den einzigen Tiefseehafen der Insel – von hier aus

erfolgt die gesamte Versorgung, denn alles außer Früchten und Gemüse muss importiert werden. Der Blick reicht bis nach Bequia.

Rechts oben:
Fort Charlotte, im Westen der Kingstown Bay auf St. Vincent, wurde 1806 zum Schutz der Stadt und der Bucht errichtet. Den Namen erhielt das Fort zu

Ehren der Gemahlin des damaligen britischen Königs George III. Von hier aus hat man einen herrlichen Blick über Kingstown, die Südküste und die Vulkane.

Rechts Mitte:
St. Vincent ist immer noch von dichtem Regenwald geprägt, unterbrochen nur von kleinen landwirtschaftlichen Flächen, die mühsam kultiviert wurden, wie im

Mesopotamia Valley. Auf der Insel befand sich auch die Plantage, in der die Brotfruchtpflanzen gezogen wurden, die Captain Blight mit der Bounty aus der Südsee hierher brachte.

Rechts unten:
Die St. Mary's Cathedral in Kingstown stammt aus dem Jahr 1823 und zeichnet sich durch ein buntes Durcheinander von roma-nischen, gotischen und barocken Stilelementen aus. Sie erscheint als eine Mischung zwischen Kirche, Festung und Lustschloss.

71

Links:
Die beiden Pitons,
Überreste erloschener
Vulkane und Wahrzeichen
von St. Lucia, ragen 750
und 792 Meter in die Höhe.

Dort wo sie steil ins Meer
abfallen, vor dem Städt-
chen Soufrière, ist nicht
nur ein beliebter Anker-
platz für Kreuzfahrtschiffe,
sondern auch für Segler.

Oben:
In der Bucht am Fuße des
Petit Piton liegt Soufrière,
die alte Hauptstadt von
St. Lucia (abgelöst von
Castries). Die Insel hatte
eine bewegte Geschichte,
von 1660 bis 1803

wechselte sie vierzehn Mal
den Besitzer zwischen den
Hauptrivalen England und
Frankreich. Seit diesem
Zeitpunkt gehörte St. Lucia
bis zur Unabhängigkeit
1979 zu England.

Unten:
Marigot Bay auf St. Lucia ist mit seiner spektakulären Lage einer der schönsten Plätze in der Karibik und wird auch von

Seglern wegen seiner sicheren Ankermöglichkeiten als Hurrican Hole sehr geschätzt. 1963 diente die Bucht als Kulisse für

den Film »Doctor Dolittle« und an den grün bewaldeten Hängen haben ein paar prominente Persönlichkeiten ihr Domizil.

Rechts oben:
Wie auf der Nachbarinsel St. Vincent gibt es auch auf St. Lucia noch üppige Regenwälder mit tropischer Vegetation. Nicht weit von

Soufrière liegt der Toraille Waterfall, ein paradiesischer Ort, weit weg von dem lärmenden und bunten Treiben an der Küste.

Rechts Mitte:
Selbstbewusst im Auftreten: der handzahme und fließend dahinplappernde Ara.

Rechts unten:
Viele tropische Früchte gedeihen auf St. Lucia und auch Kakao wird angebaut. Die ganze Vielfalt der heimischen Erzeugnisse bieten die Märkte in Castries oder Vieux Fort.

75

Unten:
Grande Anse des Salines liegt im Süden von Martinique und birgt in einer kilometerweiten Bucht einen der schönsten und beliebtesten Strände der Insel. Palmengesäumter goldgelber Sand vor azurblauem Wasser lockt nicht nur die Besucher, auch die Einheimischen verbringen hier ihre freie Zeit.

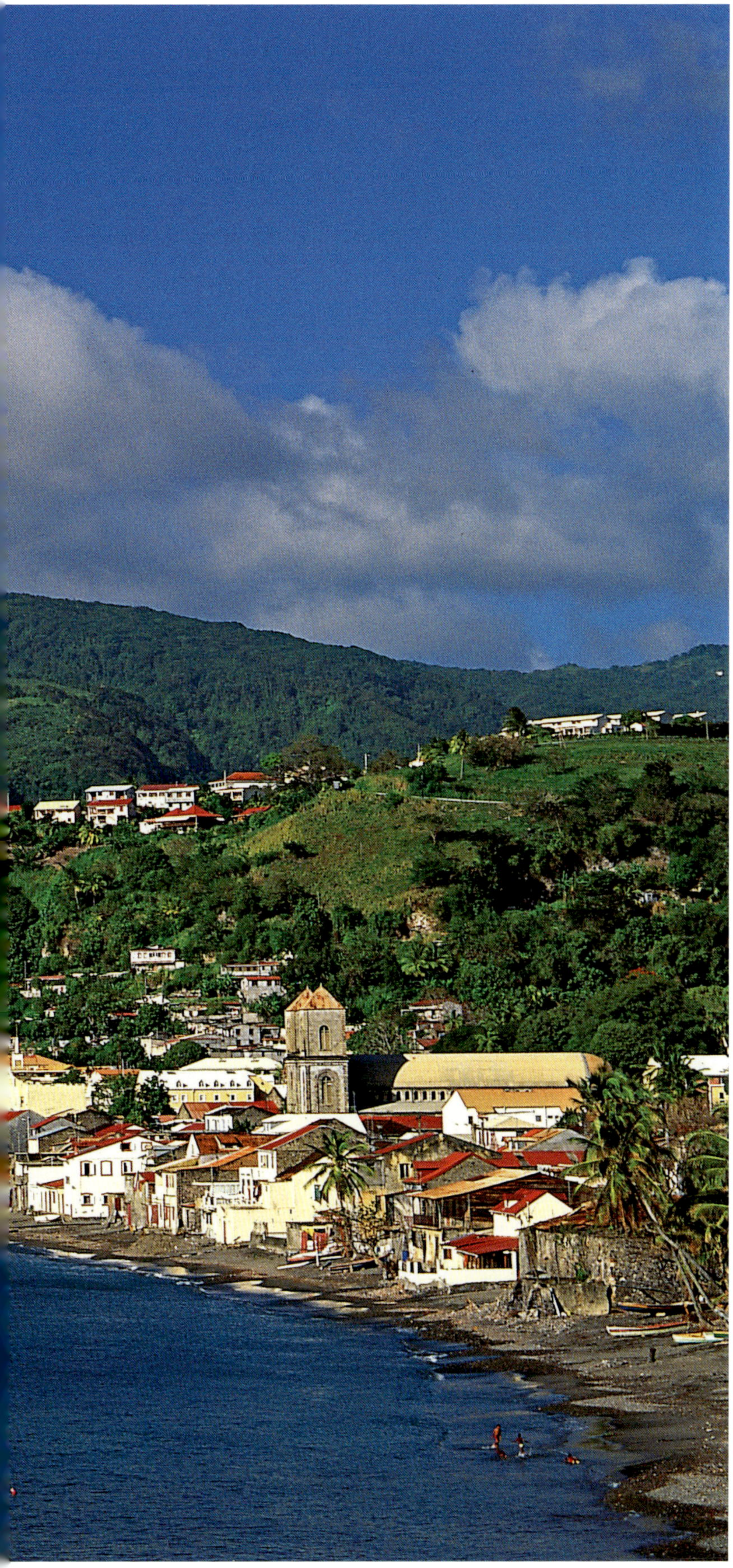

Links:
Friedlich überragt der Mont Pelee St. Pierre, die alte Hauptstadt von Martinique. Bei dem letzten Ausbruch des Mont Pelee im Jahr 1902 starben alle 30 000 Einwohner der Stadt innerhalb von Minuten in einer Wolke aus glühend heißer Asche. Heute ist es eine gemütliche Kleinstadt, die kaum noch an die großen Zeiten des 19. Jahrhunderts erinnert und das turbulente Treiben von Fort-de-France fern erscheinen lässt.

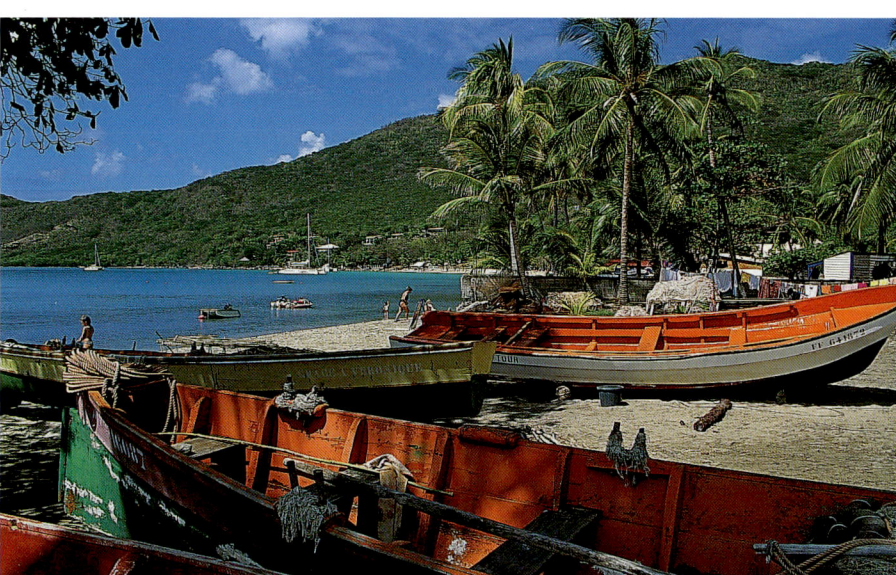

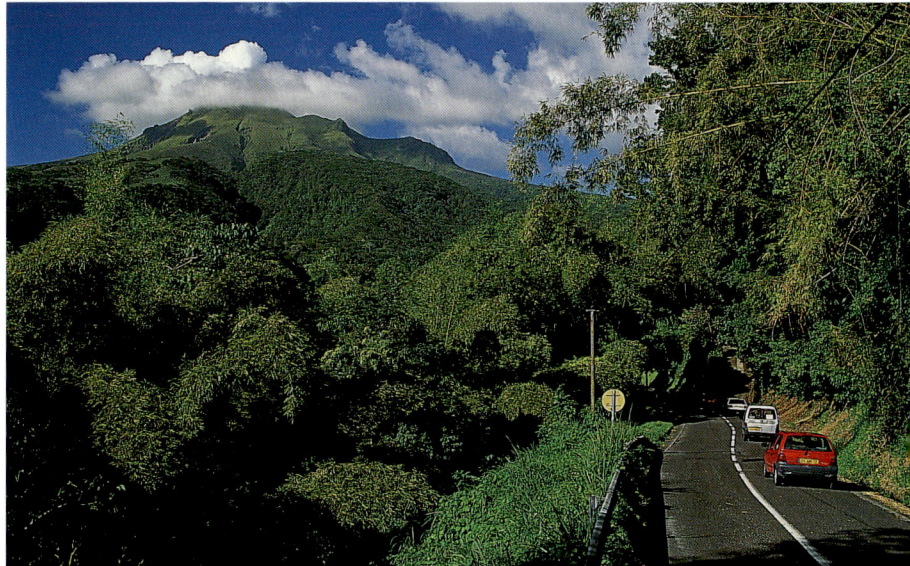

Oben:
Die Montagne Pelee, die Landschaft um den ruhenden Vulkan oberhalb von St. Pierre, bietet sich für Ausflüge in die tropische Welt von Martinique an. Neben der Möglichkeit die Insel mit dem Auto zu erkunden, kann man auch zu Fuß in die Wildnis vordringen und den Mont Pelee ersteigen.

Unten:
Dominica ist ein einzig-
artiges Naturparadies
und man sagt, es wäre
die Insel, auf der sich
Kolumbus heute noch zu-
rechtfinden würde. Es ist
die ursprünglichste Insel
der Karibik, auf der es viel
zu entdecken gibt, aber
auch die ärmste.

Rechts:
Auf Dominica werden
vor allem inseleigene
Produkte, wie diese
tropischen Früchte hier,
angeboten.

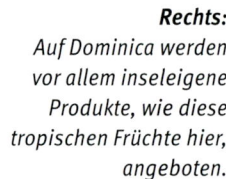

Links und unten:

Anfang des 20. Jahrhunderts wurde das Dominican Carib Reserve eingerichtet, in dem die letzten Ureinwohner der Karibik leben. Während der Kolonialisierung hatten sie sich in unzugängliche Regionen der Insel zurückgezogen und konnten so überleben. Man kann das Reservat besuchen und vieles über das einfache Leben dieser Menschen erfahren.

Links und ganz links:
Der Boiling Lake Trail auf
Dominica (ganz links)
führt durch eine unbe-
rührte Landschaft mit
tropischer Vegetation
zum Boiling Lake (links).

Der schwefelhaltige See
mit kochend heißem
Wasser liegt am Fuße des
1224 Meter hohen Watt
Mountain. Hier tritt die
vulkanische Geschichte
der Insel zu Tage.

Unten:
Auch an der Küste zur
karibischen See hin zeigt
Dominica ihren ursprüng-
lichen, vulkanischen
Charakter. Die Insel gibt

sich unzugänglich für
Besucher vom Meer.
Es finden sich nur wenige
Plätze, die ein sicheres
Ankern möglich machen.

Links und oben:
Auf Dominica gibt es viele
Möglichkeiten die Insel zu
erkunden. Eine Bootstour
auf dem Indian River

(links) ist ebenso möglich
wie eine Wanderung zum
Emerald Pool, der eine
Vorstellung vom Garten
Eden gibt.

Rechts:
Rodney Bay im Norden von St. Lucia ist mit seinem Yachthafen eines der besten Versorgungszentren für Segler und bietet vor dem weiten Sandstrand beste Ankermöglichkeiten. Zahlreiche Restaurants und Bars sorgen für eine kurzweilige Abendgestaltung. Von hier sind die Highlights „Pigeon Island National Park" sowie „Fort Rodney" schnell zu erreichen.

Unten:
Bei Portsmouth in der Prince Rupert Bay treffen Regenwald, grünwuchernde Berge und idyllisch ankernde Yachten beeindruckend zusammen. Prince Rupert ist die Bucht, in der Christoph Kolumbus am 3. November 1493 während seiner zweiten Reise ankern ließ. Denkt man sich die Segelboote weg, kann man sich vorstellen wie die Karibikinsel, auch heute noch die wohl ursprünglichste, damals ausgesehen hat: über und über mit Regenwald bedeckt.

Links:

Aus der Vogelperspektive hat Guadeloupe die Form eines riesigen Schmetterlings. Allerdings hat er zwei unterschiedliche Flügel: Der östliche, Grande Terre, ist eine flache Kalkinsel mit

Zuckerrohrplantagen und Palmenstränden, auf der sich aber am Nordkap auch eine raue See mit gefährlichen Klippen findet, wie hier bei Porte d'Enfer. Genau in der Mitte liegt die Hauptstadt

Pointe-à-Pitre und verbindet mit dem westlichen Flügel, Basse Terre, der durch eine gebirgige Landschaft vulkanischen Ursprungs und von einer steilen Felsküste geprägt ist.

Unten:

Von Trois Rivières im Süden von Basse Terre auf Guadeloupe blickt man hinüber zur kleinen vorgelagerten Inselgruppe Les Saintes.

Die Îles des Saintes sind ein beliebtes Ziel für Bootsausflüge von Guadeloupe und Segler finden vor dem Städtchen Bourg des

Saintes guten Ankergrund. Der malerische Ort mit seinen schmucken Häuschen ist einer der schönsten in dieser Region.

Wenn man von Süden über das Meer kommt, zeigt sich der westliche Teil von Guadeloupe, Basse Terre, von seiner schönsten

Seite. Die Vulkanberge, die bis zu 1500 Meter aufragen, sind meist von den typischen Passatwolken verhüllt.

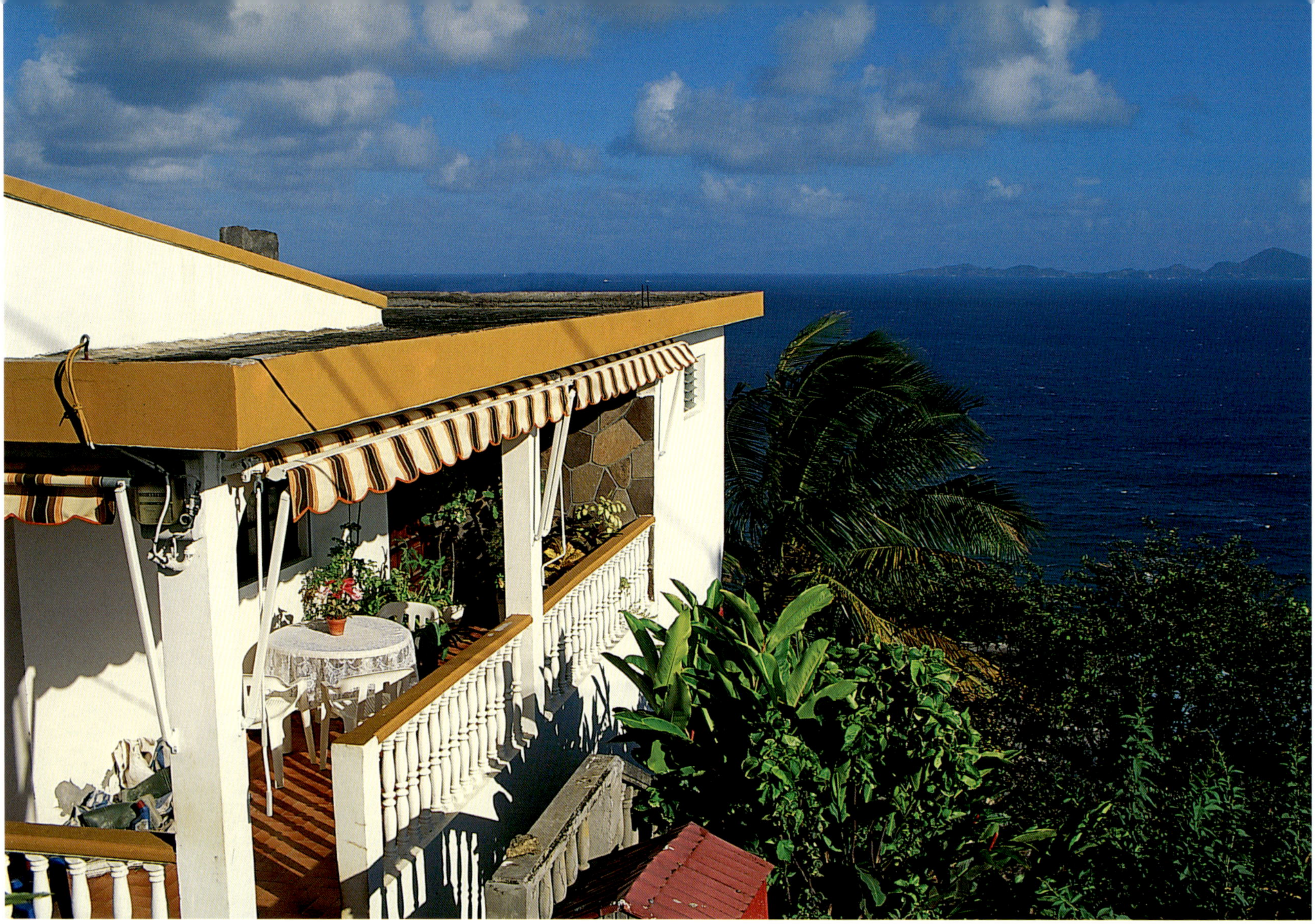

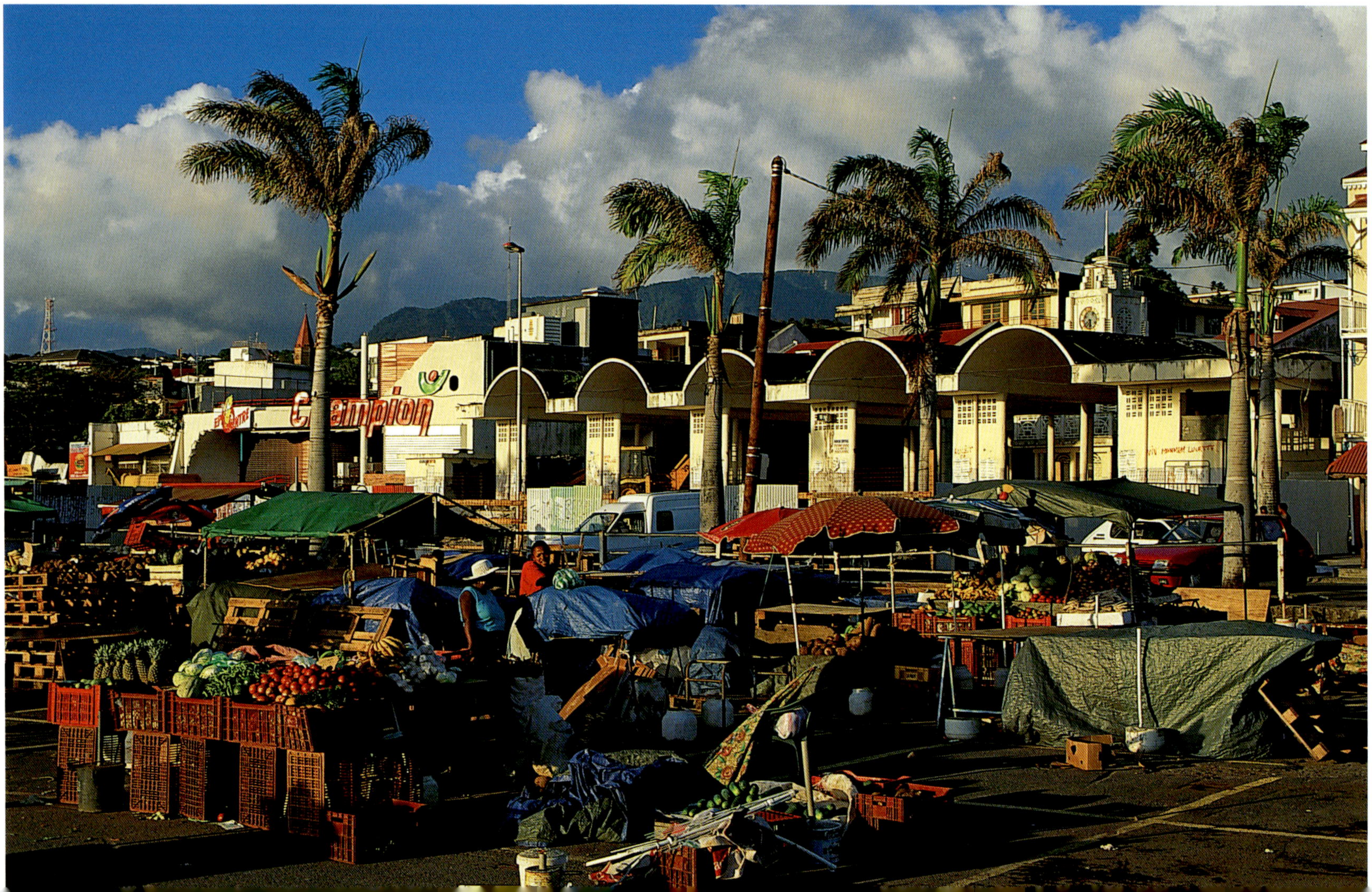
Champion

Links:

Die beliebtesten Plätze,
ein Haus zu bauen, finden
sich an Hängen mit einem
weiten Blick über das
Meer. Von Vieux-Fort, an
der Südspitze von Basse
Terre auf Guadeloupe,
kann man am Horizont die
Îles des Saintes erkennen.

Unten:

St. Francois, ganz im
Osten von Grande Terre
auf Guadeloupe, ist
Ferien- und Badeparadies.
Weite weiße Sandstrände
ziehen sich an Palmen-
hainen entlang – insgesamt
elf Kilometer bis zum Pointe
des Châteaux, dem öst-
lichsten Punkt der Insel.

Links:

Märkte in der Karibik
sind mit ihrem bunten
Angebot immer ein
Erlebnis. Basse Terre,
auf der gleichnamigen
Halbinsel von Guadeloupe,
wurde bereits 1643 ge-
gründet und ist heute mit
knapp 13 000 Einwohnern
Verwaltungs- und Bischofs-
sitz des Archipels.

Oben:

Riesige Königspalmen
spenden der Avenue
Dumanoir bei Capesterre
an der Ostküste von
Basse Terre Schatten. Die
Königspalme (Roystonea
regia) kann eine Höhe
von 25 Metern erreichen,
liefert als Zierbaum aber
keine Früchte, die genutzt
werden können.

Sonnenuntergang unter Palmen an der Westküste von Antigua bei Five Island, südlich der Hauptstadt St. John. Dies ist der Traum, den der Karibikfahrer an fast jedem Abend erleben kann und den man am besten mit einem Daiquirí und dem Blick aufs Meer genießt.

Antigua zählt mit den herrlichen Sandstränden und hervorragenden Hotels zu den beliebtesten Inseln in der Karibik und ist häufig Ziel von bekannten Größen des Showbusiness und des Sports. Buchten wie die Carlisle Bay bieten schönste Domizile.

Lange und menschenleere Strände, hier die Galley Bay, zeichnen Antigua aus. Auf der Insel sind alle Wassersportarten von Schnorcheln, Tauchen bis Segeln und Surfen möglich. In der letzten Aprilwoche jeden Jahres findet das wichtigste Segelereignis der Karibik statt, die Antigua Sailing Week. Etwa 200 Yachten nehmen teil und Gerüchte besagen, manche nur, um zum Abschluss am berühmten Lord-Nelson-Ball teilnehmen zu dürfen.

English Harbour ist eine der sichersten Buchten in der ganzen Karibik. In der ersten Hälfte des 18. Jahrhunderts wurde der Hafen befestigt, und von hier startete Lord Nelson zu seinen großen Seeschlachten. Heute ist English Harbour fest in Händen der Segler aus aller Welt. Neben einem sicheren Liegeplatz werden die hervorragenden Versorgungsmöglichkeiten, sowie die guten Kneipen und Restaurants geschätzt.

Unten:
Am Hafen von Basseterre, St. Kitts. An St. Kitts und Nevis brandet der große Besucherstrom vorbei und so präsentieren sich die Inseln in typisch karibischer Gemächlichkeit – Hektik ist hier unbekannt. 1493 lief Kolumbus bei seiner zweiten Reise St. Kitts an und benannte sie nach seinem Namenspatron, St. Christopher. 1623 kamen erste englische Siedler und nach mehreren Besitzerwechseln wurde St. Kitts erst im 19. Jahrhundert endgültig britisch.

Rechts:
Vom Brimstone Hill schaut man weit über St. Kitts und das Karibische Meer. Auf dieser Erhebung war einst eine der mächtigsten Festungen in der Karibik. Über 100 Jahre wurde an der Anlage gebaut, und die Größe unterstreicht die strategische Bedeutung der Insel im Zentrum der Karibik. Die Festung wurde nicht durch die Kanonen der Kriegsschiffe zerstört, es waren die Folgen eines verheerenden Hurrikans im Jahr 1834.

Seite 92/93:
St. Barthélemy, oder kurz St. Barth, ist die Insel der Schönen und Reichen. Mit dem Banker David Rockefeller, der sich hier eine Villa baute, kam der Jetset. St. Jean ist der schönste Ort an der Nordküste und bietet beste Wassersportmöglichkeiten und angenehme Unterkunft.

Rechts:
Hütte oder Traumhaus? Jedenfalls ist es ein Traum, von hier über das Karibische Meer zu schauen. Noch immer lebt ein großer Teil der Bevölkerung an der Armutsgrenze, aber ungebrochen bleibt die Lebensfreude, die sich in den bunt gestrichenen Hausfassaden ausdrückt.

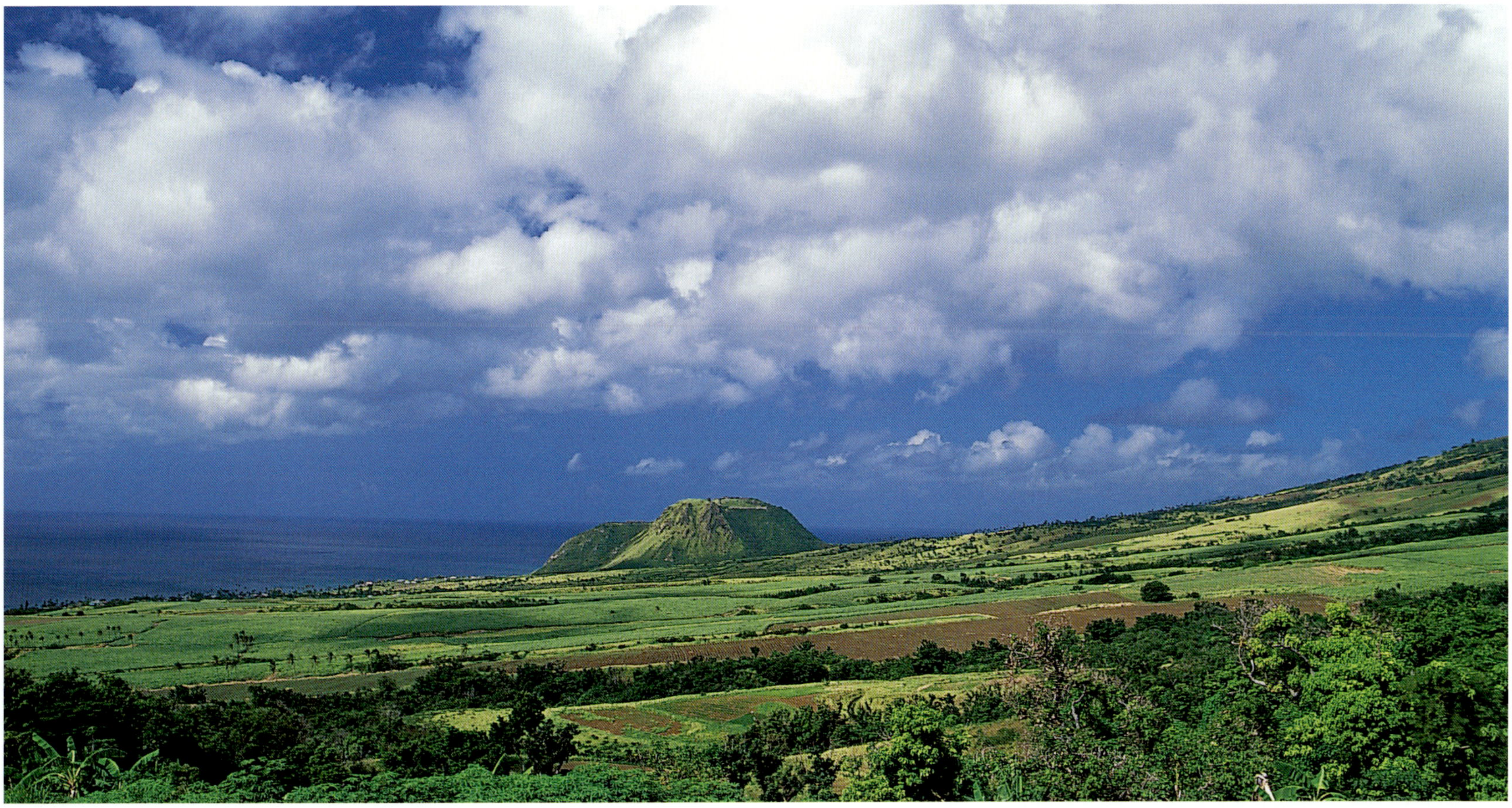

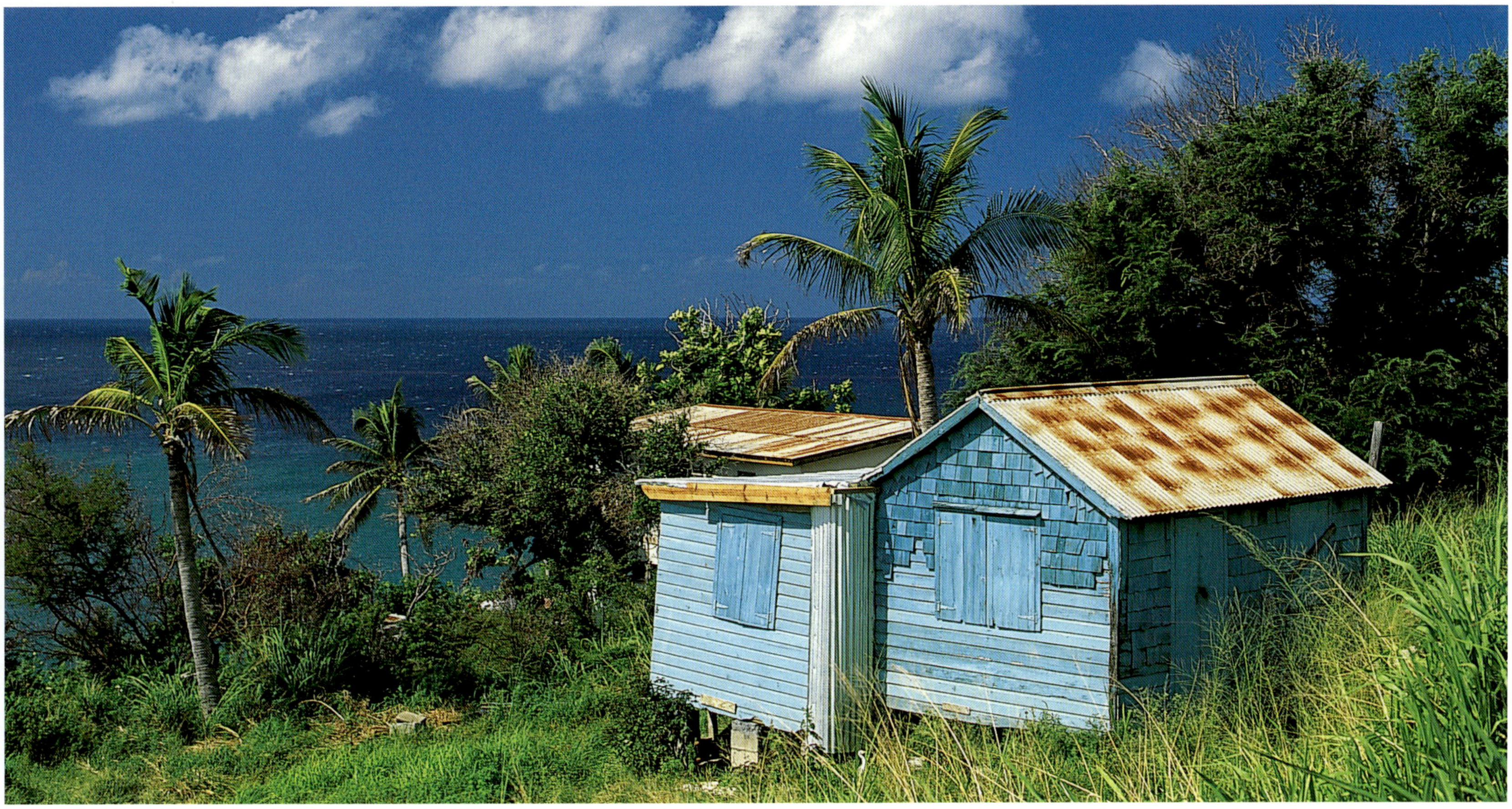

Unter Segeln in die Karibik

Im Jahre 1492 begann Christoph Kolumbus seine historische Reise, um Indien auf einem westlichen Seeweg zu erreichen. Die drei Schiffe »Santa Maria«, »Niña« und »Pinta« nahmen zunächst Kurs auf die Kanarischen Inseln. Dort wurden noch einmal Proviant und Wasser aufgenommen. Nach einer unproblematischen Überfahrt, abgesehen von der Gefahr einer Meuterei, die geschürt wurde von der Angst seiner Mannschaft vor dem Ungewissen, sichtete Kolumbus am 12. Oktober 1492 Land. Die vermeintliche westindische Insel, gehörte jedoch zum Archipel der Bahamas. Nach kurzem Aufenthalt segelte er weiter nach Kuba, das er als indisches Festland zu erkennen glaubte, und nach Hispaniola. Seine erste Entdeckungsreise, der noch drei weitere folgen sollten, endete am 15. März 1493.

Dem Weg, den Kolumbus vorgezeichnet hatte, folgten die spanischen Konquistadoren, die Engländer, Niederländer und Franzosen. Und bis heute bringt der beständige Nordost-Passat die Segler auf dieser Route über den Atlantik. Meist ist es eine ruhige Überfahrt von 10–20 Tagen. Einzelne Boote oder Regatten mit bis zu 100 Booten beginnen ihre Reise im November oder Dezember, um Weihnachten unter Palmen zu verbringen. Erstes Ziel ist Barbados oder St. Lucia – es ist der kürzeste Weg und die Inseln werden wegen der guten Versorgungsmöglichkeiten und der Gelegenheit zum Erfahrungsaustausch unter Gleichgesinnten geschätzt.

Von hier geht es von Insel zu Insel gen Norden, und wer den Sommer in der Karibik verbringt, sieht einer ruhigen Zeit entgegen. Die schönsten Ankergründe hat man für sich alleine. Aber von Juni bis in den November haben die Hurrikans Saison, und unzählige Yachten sind in den verheerenden Stürmen gesunken oder an Land gesetzt worden. Inzwischen gibt es jedoch ein gut organisiertes Warnsystem und die Unwetter können 24 bis 48 Stunden vor dem Eintreffen angekündigt werden. Auch wenn in den Küstenorten Türen und Fenster verrammelt werden und alles bewegliche Gut festgezurrt wird, ist dies ein deutliches Zeichen für Segler, schnellstens Schutz zu suchen.

Ein gewaltiges Spinnennetz gegen den Sturm

Es gibt zwei Möglichkeiten der Katastrophe zu entgehen: Je nach Zeitpunkt und Position setzt man Kurs übers offene Meer nach Süden, um vor der venezolanischen Küste, der nördlicher verlaufenden Zugbahn des Hurrikan zu entgehen. Oder man läuft ein Hurrican Hole an, eine der wenigen, gut geschützten Buchten.

Die besten und schönsten sind Marrigot Bay auf St. Lucia oder English Harbour auf Antigua. Die Buchten sind dann vollgestopft mit Yachten und man kann trockenen Fußes, von Boot zu Boot, das jenseitige Ufer erreichen. Jeder Anker ist ausgebracht und jeder Meter Leine mit den Nachbarbooten vertäut – ein gewaltiges Spinnennetz ist entstanden und alle hoffen, den Sturm unbeschadet zu überstehen. Gut geschützt ist auch der Hafen von St. Gustave auf St. Barth, und hier begegnet man in den Wintermonaten an der Pier einem Luxus, der in Europa höchstens in St. Tropez oder Monte Carlo zu finden ist. Die Segelboote von bis zu 30 Meter Länge kommen aus aller Welt. Das auffälligste ist jedoch die Endeavour, eine luxuriöse Rennyacht aus den 1930er-Jahren. Der Anblick, die elegante Linie, das feine Teakdeck und ein 50 Meter in den Himmel aufragender Mast lassen Seglerherzen höher schlagen. Es ist schlicht das schönste Segelboot der Welt. Man kann die Endeavour auch chartern, für 60 000 US-Dollar pro Woche, ohne Verpflegung.

Aber auch auf kleineren Booten lassen sich paradiesische Plätze entdecken. Die einsame Lameshure Bay auf St. John, ein Badenachmittag auf Sandy Island vor der Insel Jost van Dyke oder ein paar Tage zwischen den winzigen Eilanden der Tobago Cays erfüllen den Traum von der Karibik. Ziel von Segelurlauben sind vor allem die Kleinen Antillen. In den 14 Tagen oder drei Wochen, die meist nur zur Verfügung stehen, ist es dennoch möglich, viele Inseln zu besuchen und ihren jeweils sehr unterschiedlichen Charakter kennenzulernen. Segler, die ein halbes Jahr unterwegs sind, werden aber die Großen Antillen und die Bahamas nicht auslassen. Im Frühsommer erreichen sie dann die Küste Floridas, um mit günstigen Winden und im Sog des Golfstroms die Heimreise Richtung Europa anzutreten – in Erwartung der Saison im Mittelmeer.

Links:
Christoph Kolumbus, der große Entdecker, betrat amerikanischen Boden zuerst in der Karibik.

Oben:
Die wohl schönste Möglichkeit die Karibik zu bereisen ist an Bord der Royal Clipper. Mit fünf Masten und einer Länge von 134 Metern ist die Royal Clipper der größte Segler weltweit.

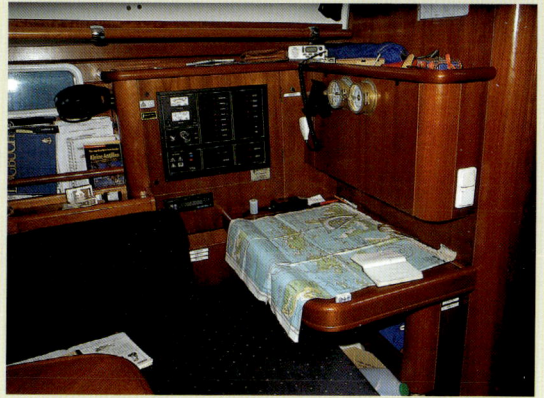

Rechts oben:
Den besten Blick hat man vom Topp des Mastens – allerdings wird er meist nicht zum Vergnügen erklommen, sondern um Reparaturen vorzunehmen.

Rechts Mitte:
Die »Endeavour« in der Hafenausfahrt von Gustavia auf St. Barth. Die Luxus-Segelyacht kann jeder chartern – 14 Tage Vollpension für $ 130 000.

Rechts:
Der wichtigste Platz auf dem Boot ist der Navigationstisch – nur mit Hilfe von Seekarten und guten seemännischen Kenntnissen ist die Karibik sicher zu befahren.

Links:

Sonnenuntergang im Hafen von Gustavia, der Hauptstadt von St. Barth. Kolumbus benannte die Insel nach seinem Bruder Bartolomé Colón. Im Jahr 1784 überließ

der französische König Ludwig XVI. St. Barth den Schweden, die sie 1877 aus Geldmangel wieder an die Franzosen zurückverkauften.

Unten:

Die Häuser von Gustavia werden dem Ruf der Insel St. Barth gerecht, proper repräsentieren sie in karibischen Formen und Farben.

Unten:

St. Barth bietet auch in kleinen Lokalen eine gute Gastronomie. Das Restaurant »Le Tamarin« liegt am schönsten Strand der Insel bei Saline.

Ruhiger geht es in St. Jean zu – das Leben findet meist unter freiem Himmel statt. Und am Abend sucht man sich im Restaurant am liebsten einen Tisch auf der Veranda.

Gustavia bietet sehr luxuriöse Hotels, zu denen auch das »Carl Gustav« gehört. Von hier aus hat man einen herrlichen

Blick über den Hafen, in dem sich während der Saison von Dezember bis Mai die teuersten Segelyachten der Welt drängeln.

Unten:

Einmalig in der Karibik ist die Insel Saint Martin/Sint Maarten, die Kolumbus am Martinstag 1493 entdeckte: Franzosen und Niederländer teilen sich die Insel und dies bereits seit 1638. Sehr häufig ankern Kreuzfahrtschiffe vor Philipsburg, der Hauptstadt des niederländischen Teils der Insel.

Rechts oben:
Philipsburg auf Sint Maarten präsentiert sich bunt mit westindischer Architektur und empfängt gerne die Gäste von den Kreuzfahrtschiffen, die hier ausgiebig zollfreie Einkäufe tätigen.

Rechts Mitte:
Marigot, Hauptort des französischen Teils von Saint Martin, verfügt über einen kleinen Hafen, der meist von Seglern genutzt wird. Regelmäßig finden dort Märkte statt, auf denen einheimische Produkte angeboten werden.

Rechts unten:
In Marigot finden sich viele pittoreske Ecken, die die Farben- und Formenfreude der Karibik widerspiegeln.

99

Seite 100/101:
Marina Cay ist eine Perle der Karibik, gehört zu den British Virgin Islands und liegt in der Inselwelt nördlich von Tortola. Das Inselchen ist nur per Boot zu erreichen und auf die Bedürfnisse von Seglern ausgerichtet.

Rechts und unten:
Kleine und größere tropische Eilande, wie Norman Island (rechts) und Peter Island (unten), reihen sich in den British Virgin Islands aneinander. Sie bilden einen Schutzwall gegen das stürmische Meer und gewähren dem Sir Francis Drake Channel eine ruhige See.

Oben:
Als wären es Murmeln
von Riesen, liegen gewal-
tige rund geschliffene
Felsbrocken am Strand von
»The Bath« an der Küste
von Virgin Gorda (frei
übersetzt: Dicke Jungfrau).
Hier ist einer der schönsten
Plätze zum Baden und
Schnorcheln in der
gesamten Karibik.

Links:
Cooper Island gehört
ebenfalls zu den British
Virgin Islands und war
bis vor wenigen Jahren
unbewohnt. Vor allem
die Manchionell Bay wird
von Seglern als sichere
Ankerbucht geschätzt.

Linke Seite und links:
Von Mountain Top oberhalb von Charlotte Amalie hat man einen herrlichen Blick über die Magens Bay und die Insel St. Thomas, die zu den American Virgin Islands gehört. Charlotte Amalie ist die Hauptstadt der Inselgruppe, die zu den USA gehört und ein beliebtes Ziel von Kreuzfahrtschiffen ist. Die historischen Viertel der Stadt sind durch die koloniale Vergangenheit der Dänen geprägt, die hier seit 1666 herrschten und die Inseln 1917 für 25 Millionen Dollar an die USA verkauften.

Links:
Fredericksted ist Hauptort der Insel St. Croix, die ebenfalls zu den American Virgin Islands gehört. Recht fremd wirkt mitten in der Karibik die skandinavische Architektur, die aus der Zeit stammt, als die Dänen noch das Sagen hatten.

105

Große Antillen– von Kuba bis Puerto Rico

Das Tal von Viñales ist mit den bizarren Kalkfelsen (Mogotes) ein landschaftlicher Höhepunkt Kubas. Das Tal war einst Heimat der indianischen Urein-wohner, die in den Höhlen der Felsen lebten. Heute ist es eines der weltbesten Anbaugebiete für Tabak, aus welchem die berühm-ten kubanischen Zigarren gefertigt werden.

Auf Kuba, dem Reich Fidel Castros, auf Jamaika, der Insel des Reggae, auf Puerto Rico, dem Außenposten der USA und auf Hispaniola, dem Ort der ersten Begegnung Europas mit Amerika durch Christoph Kolumbus, entstanden die ersten Siedlungen in der Neuen Welt. Die Städte waren Umschlagplatz für das Gold der spanischen Konquistadoren, Piraten eroberten und zerstörten sie. Von den Kolonialisten wurden sie wieder aufgebaut und heute sind sie Zeugnis einer bewegten Geschichte, wie sie Europa kaum kannte.

Sowie der Strom des Goldes versiegte, folgte der Anbau von Zuckerrohr und Tabak. Mit der Hilfe ihrer afrikanischen Sklaven gelangten die Plantagenbesitzer zu unermesslichem Reichtum. Die Inseln waren mit ihrem Klima, den weiten Tälern und dem fruchtbaren Schwemmland bestens geeignet Kaffee, Kakao, Früchte und Gewürze zu kultivieren. Die einzigartigen Zigarren aus Kuba und der Rum, der je nach Insel seinen eigenen Charakter hat, tragen Originalität und Exklusivität in die Welt.

Ein Exportartikel ganz anderer Art ist die Musik. Rumba, Mambo und Cha-cha-cha traten von Havanna ihren Siegeszug an und der Reggae von Bob Marley und Peter Tosh erzählt vom Lebensgefühl der Karibik und von Rebellion. Die Farben Rot-Gelb-Grün, die afrikanischen Nationalfarben, sind nicht nur auf Jamaika allgegenwärtig, überall in der Karibik sind sie farbenfrohes Banner und Symbol von neuem Selbstbewusstsein.

Eine Reise durch das Hinterland der Inseln, durch die Dörfer mit ihrem beschaulichen Alltag ist eine Begegnung mit einer weit entfernten Vergangenheit. Es ist keine Idylle, aber der unbeschreibliche karibische Rhythmus macht das Leben leicht.

Seite 108/109:
Das „Fuerte San Felipe del Morro" in der Hauptstadt San Juan ist nur eines von zahlreichen Bollwerken auf Puerto Rico, die vor gegnerischen Angriffen schützten. Wertvolles gab es damals wie heute zu erobern, beispielsweise die Kathedrale, das prachtvolle Rathaus Alcaldia oder die San-José- Kirche.

Rechts:
Sonnenaufgang über San Juan, der modernen Hauptstadt von Puerto Rico. Die Stadt ist eine Begegnung von karibischer Lebensart mit dem „American Way of Life" – die Insel ist seit 1967 assoziiertes Mitglied der USA.

Unten:
Im Osten von Puerto Rico liegt Vieques Island, hier der Hafen des Hauptortes Isabel Segunda – gerade einmal 9500 Einwohner teilen sich dieses paradiesische Eiland.

Oben:
Im 17. Jahrhundert begannen die Spanier San Juan auf Puerto Rico zu befestigen und errichteten mit dem Castillo de San Cristóbal ein gewaltiges Bollwerk gegen die Übergriffe von Piraten und die Eroberungsversuche der Briten, Franzosen und Holländer.

Links:
Wer möchte nicht hier begraben sein – vom Friedhof von Isabel Segunda auf Vieques Island hat man einen herrlichen Blick hinüber nach Puerto Rico.

Links:
Hohe Niederschlags-
mengen bringen eine
überschwängliche Botanik
in den Blue Mountains bei
Port Antonio auf Jamaica
hervor. Die Artenpalette
reicht von raren
Regenwaldexemplaren
(Orchideen) über tropische
Nutzpflanzen (Kakao) bis
zum allgegenwärtigen
Hibiskuskunstwerk.

Links Mitte:
Fahrten auf dem Rio Grande
gehören nicht gerade zu
den aufregendsten
Adrenalin-Erlebnissen,
die Jamaika zu bieten hat.
Geführt werden die Touren
vom Rafter Michael Dennis
von der Rafting-Station
Berrydale.

Unten:
Treasure Beach in der Calabash Bay im Süden von Jamaica zählt zu den wild-romantischen Stellen in der Karibik. Auf der

Dachterrasse von Jake's Hotel lässt es sich wohl sein – ein angenehmer Meerwind, ein kaltes „Red Stripe" und der beste Ausblick laden ein.

Jamaika zeigt seine Farben, auch an der Runaway Bay (oben), am Winnifred Beach (Mitte), am San San Beach und bei Port Antonia (ganz rechts): Nirgends sonst, so scheint es, ist der Aquarellpinsel derart erfolgreich mit Grün-, Türkis- und Blautönen unterwegs wie auf der legendären Zuckerrohrinsel.

Rechte Seite:
Der Blick vom „The Caves Hotel" in Negril ist spektakulär. Die Unterkunft auf Jamaika ist bei Flitterwöchnern beliebt, romantische Übernachtungen in den Höhlen inklusive.

RUMBA, REGGAE, SALSA – DER RHYTHMUS DER KARIBIK

Reggae und Mento von Jamaika, Salsa, Rumba und Son von Kuba, Meringue aus der Dominikanischen Republik, Calypso von Trinidad – die Musik der Karibik ist so vielfältig, wie es Inseln gibt und jede einzelne Stilrichtung scheint aus purer Lust am Rhythmus und an der Bewegung entstanden zu sein.

Der Ursprung der karibischen Musik liegt in der kolonialen Vergangenheit. Die Kultur der afrikanischen Sklaven wurde zerstört und nur wenige ursprüngliche Instrumente blieben erhalten. Überlebt haben die Rhythmen, die sich im Laufe der Geschichte mit den Versformen und Melodien der herrschenden Europäer mischten. Eine weitere Quelle waren die mitgebrachten afrikanischen Kulte, deren Riten stets von Musik begleitet waren. So war zum Beispiel die Santería-Religion auf Kuba mit ihren perkussiven Rhythmen eine wichtige Antriebsfeder für die Musik der Insel. Regionale Unterschiede in der Ausprägung der Musikstile entstanden ebenfalls durch die kolonialen Voraussetzungen. Von den Briten wurde auf Jamaika Perkussionsmusik verboten und ist somit heute von geringerer Bedeutung als auf Kuba oder Haiti. Andererseits wurde der Meringue in der Dominikanischen Republik aus politischen Gründen gefördert. Ein intensiver Austausch führte aber auch zu einer gegenseitigen Befruchtung der unterschiedlichen Stile.

Die karibische Musik unserer Zeit ist vor allem eine Musik zum Tanzen und Feiern, aber im Reggae und im Calypso kommt ebenso Protest zum Ausdruck. Heimat des Reggae ist Jamaika und berühmtester Vertreter ist der Rastafari Bob Marley. Fast jeder Reggae-Künstler in den 60er- und den 70er-Jahren war Anhänger dieser Glaubensrichtung, die für alle aus Afrika vertriebenen Schwarzen mit der Rückkehr nach Äthiopien Erlösung versprach. Bob Marley wurde 1945 auf Jamaika in dem Ort Nine Miles geboren und verbrachte seine Jugend in Trenchtown, einem rauen Vorort der Hauptstadt Kingston. Mit Peter Tosh und Bunny Wailer, Freunden aus Kindertagen, tat er sich zur Band »Wailin' Wailer« zusammen. In den Songtexten Bob Marleys spiegelt sich der Alltag von Straßengewalt zwischen rivalisierenden Banden der 60er-Jahre wider und brachten ihm erste Erfolge auf der Bühne. Der internationale Durchbruch kam 1975 mit dem Album »Natty Dread« und »No Woman No Cry« (was nicht »keine Frauen, keine Sorgen« bedeutet, sondern »nein Frau, weine nicht«). Seine Musik war immer politisch und sie sprach die Stimme seines Volkes. So ist es zu verstehen, dass sein Krebstod 1981 das öffentliche Leben auf Jamaika für zwei Tage zum Stillstand brachte.

Kubanische Rhythmen – Mambo, Rumba, Son

»Salsa ist eine andere Bezeichnung für kubanische Musik. Es ist Mambo, Chachachá, Rumba, Son – alle kubanischen Rhythmen in einem«, sagt die Salsa-Königin Celia Cruz und zugrunde liegt dieser Mischung eine Begegnung von kubanischer und puertoricanischer Musik mit dem lateinamerikanischen Bigband-Jazz aus New York. Der Welterfolg des »Buena Vista Social Club« lenkt den Blick endgültig auf Kuba und auf die vielen Bands, die die Musikszene der Insel beleben. In den Texten ihrer Songs meiden die meisten Salseros die Politik, sie spiegeln jedoch den Alltagsärger der Kubaner wider, kommentieren diesen mit bissigem Humor und lassen ihrem Spaß an doppelsinnigen erotischen Wortspielen freien Lauf.

Größte Bedeutung kommt den Texten des Calypso auf Trinidad zu – die Musik ist im gesellschaftlichen und politischen Kommentar verwurzelt, aktuelle Satire und Stegreifdichtung gehören ebenfalls zum Repertoire. Und dies zu einem federleichten Rhythmus. Eine weitere Besonderheit Trinidads sind die Steelbands. Ein 200-Liter-Ölfass, Vorschlaghammer, kleiner Hammer, Punze, Lineal, Zirkel, Kreide und viel Erfahrung benötigt man, um eines der Instrumente mit diesem betörenden Klang herzustellen. Die Steelpan ist eines der wenigen akustischen Instrumente, das im 20. Jahrhundert erfunden wurde, und hat inzwischen auch Zugang zur klassischen Musik gefunden. Aber es bleibt unübertroffen, eine Band in den Straßen von Port of Spain zu hören.

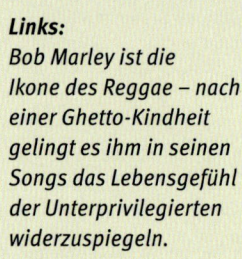

Links:
Bob Marley ist die Ikone des Reggae – nach einer Ghetto-Kindheit gelingt es ihm in seinen Songs das Lebensgefühl der Unterprivilegierten widerzuspiegeln.

Oben:
Auf Kuba braucht man nirgends auf Musik verzichten und schon gar nicht in den Straßen der Altstadt von Havanna.

Rechts oben:
Rhythmusinstrumente,
wie die Congas, sind
für karibische Musik
unverzichtbar.

Rechts Mitte:
Mit knackigen
Bühnenshows und
einer riesigen Tanzfläche
macht Havannas Tanzclub
„Casa De La Musica"
allnächtlich mobil.

Rechts unten:
Kubanische Musik
ist überall und in allen
erdenklichen Klang-
formen – Live Music in der
„Casa De La Musica".

Linke Seite:

Santo Domingo, die Hauptstadt der Dominikanischen Republik, war seit 1496 von Europäern besiedelt, wurde aber offiziell erst 1498 von Christoph Kolumbus' Bruder Bartolomeo an der Mündung des Flusses Ozama gegründet und ist somit die älteste von Europäern errichtete Stadt in der Neuen Welt.

Im Zentrum von Santo Domingo, auf dem Platz vor der Catedral de Santa María la Menor, dem Parque Colón, wurde eine überlebensgroße Statue von Christoph Kolumbus errichtet, die daran erinnert, dass er auf dieser Insel die europäische Niederlassung Amerikas gründete.

Entlang dem Parque Colón in Santo Domingo reihen sich Straßencafés, die in der mittäglichen Hitze zur Einkehr einladen.

Unten:

Inzwischen haben sich an der Küste der Dominikanischen Republik, hier an der Punta Cana, zahlreiche feine Hotels angesiedelt, die überflüssigerweise zum herrlichen Meer einen Pool anbieten.

Ganz unten:

Zu Stränden, die schwer zu erreichen sind, werden Bootstouren angeboten – hier in der Nähe des Fischerörtchens Byahibe an der Südost-Küste der Dominikanischen Republik.

Rechts:

Der „Vela Blanca"-Club auf der Insel Saona bietet Besuchern ein traumhaftes Ambiente unter Kokospalmen am exklusiven schneeweißen Privatsandstrand.

Oben:
Die acht Kilometer lange, berühmte und im Winter von Sturm und anbranden- den Wellen durchpeitschte Strandpromenade Havannas, der Malecón, ist ein beliebter Treffpunkt der Hauptstädter und nicht nur die längste, sondern auch ihre kommunikativste Meile: Hier bandeln die Jineteras der Metropole gerne mit zahlungs- kräftigen Fremden an.

Rechts:
Havanna, Hauptstadt von Kuba, wird von der 62 Meter hohen Kuppel des Capitolio überragt, die dem Washingtoner Kongressgebäude nach- empfunden wurde. Heute leben über 2,2 Millionen in der bedeutendsten Metropole der Karibik, die an Lebenslust und Individualität ihres- gleichen sucht.

Ein Fest für Oldtimer-Fans und automobile Nostalgiker: Immer noch fahren sie, die amerikanischen Chromschlitten der Marken Pontiac, Cadillac, Buick, Chevrolet und Dodge, und manche der Uralt-Modelle sehen so gehegt und gepflegt aus, als rollten sie gerade erst vom Band. Die US-Straßenkreuzer, die Sammlerherzen den erhöhtesten Pulsschlag bescheren, stammen aus den 50er Jahren und überleben seit 1959, dem Jahr der kubanischen Revolution, ohne legalen Ersatzteilnachschub auf wundersam mysteriöse Weise. Was nicht etwa nur daran liegt, dass Kubaner begnadete Monteure wären:

Die meisten könnten sich einen Neuwagen einfach nicht leisten. Ganz in Ruhe lassen sich die chromblitzenden Blechkisten bestaunen in Havannas Museo del Automóvil in der Calle Oficios Nr. 13.

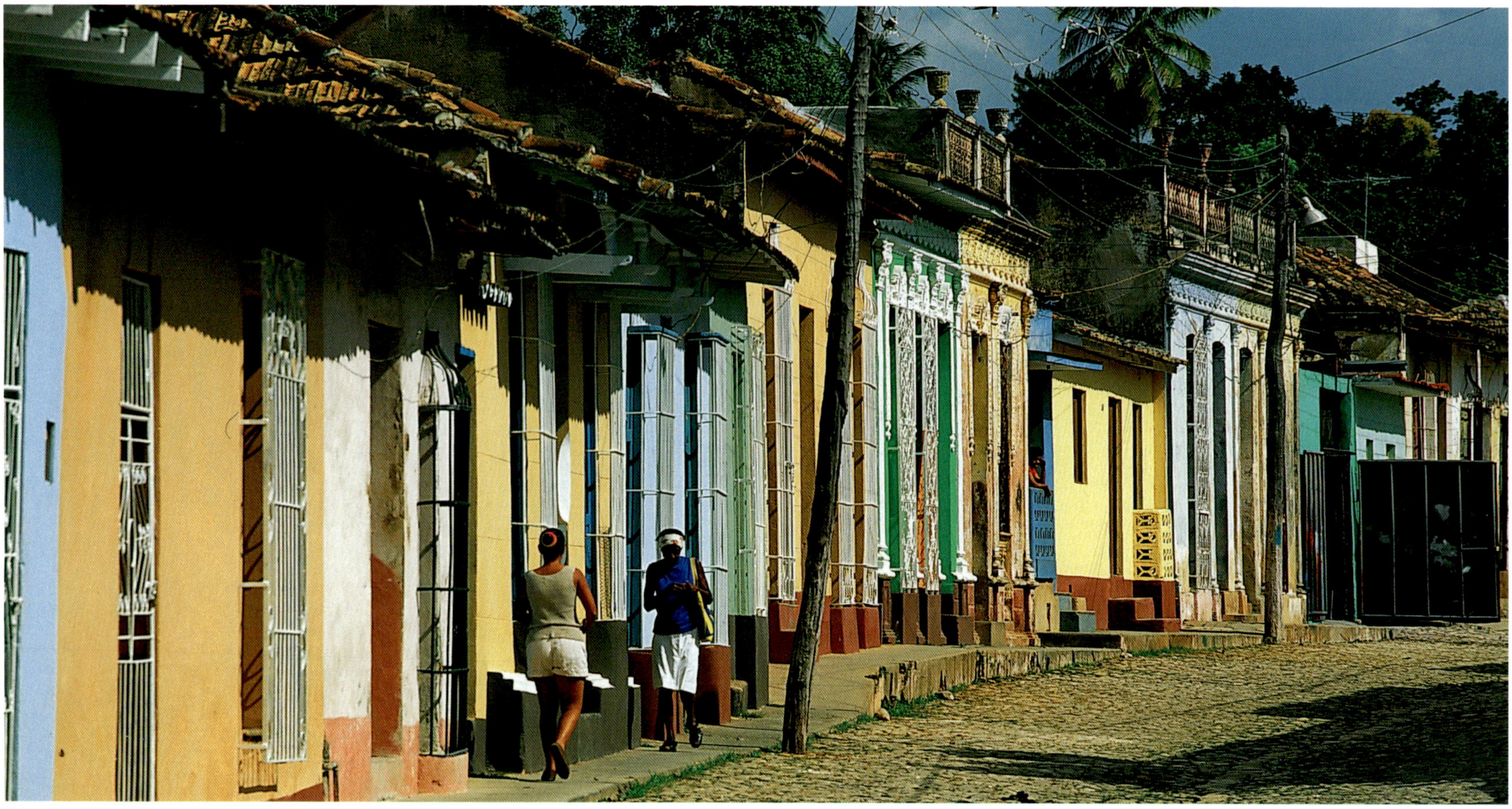

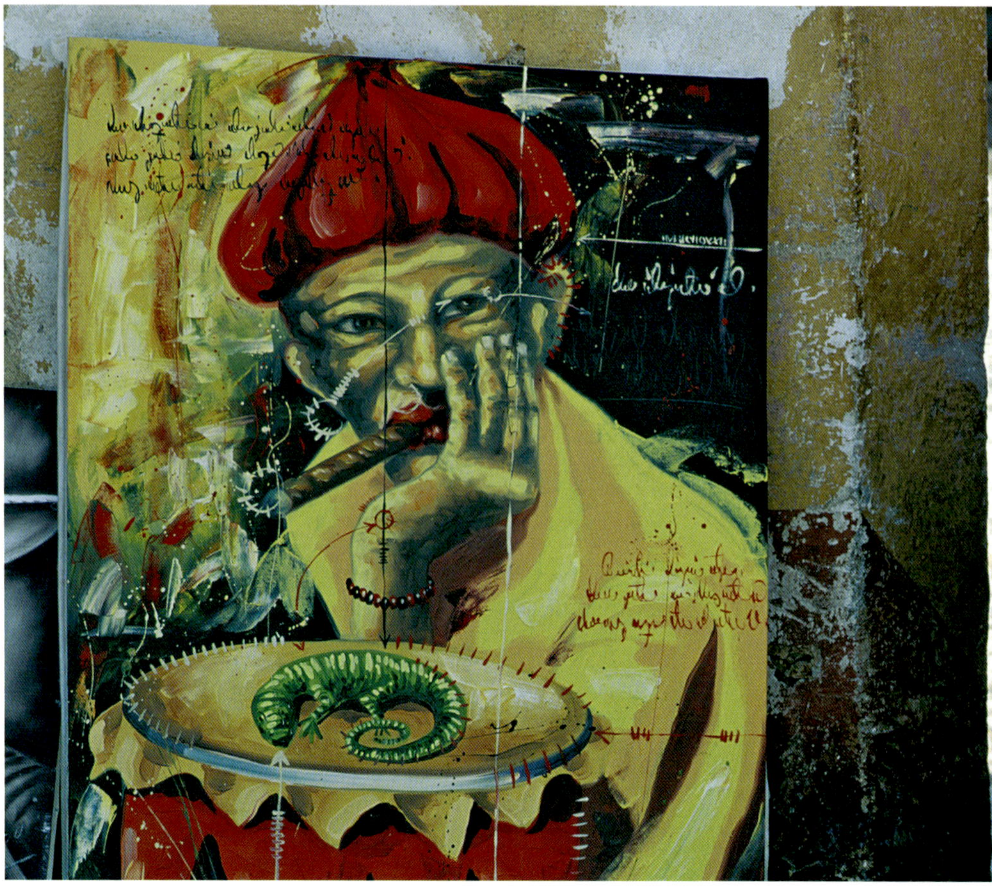

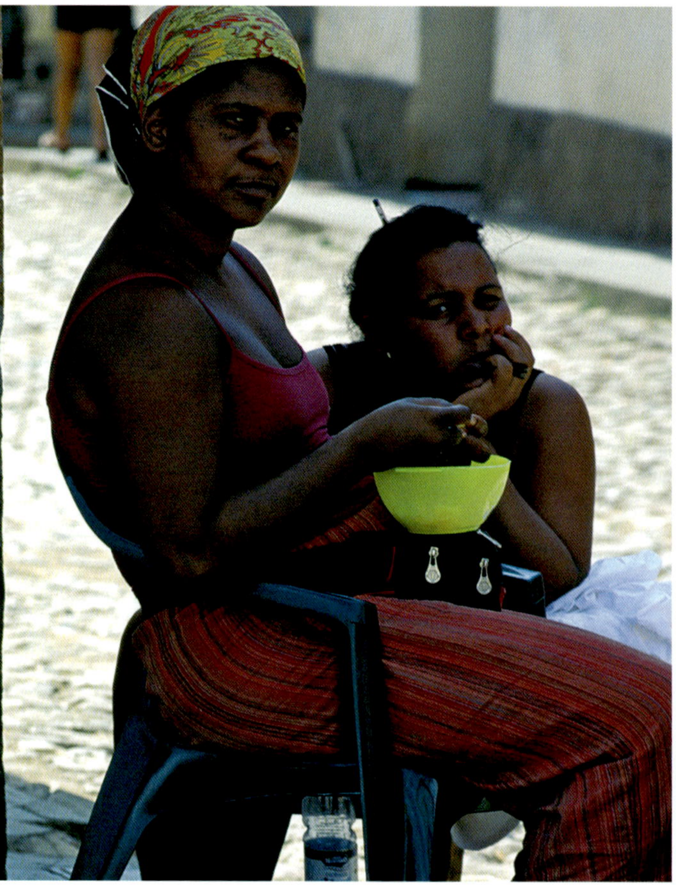

Rechts:
Trinidad auf Kuba wurde 1514 gegründet und ist eine der ältesten europäischen Siedlungen in der Neuen Welt. Nahezu unverfälscht hat sich die koloniale Architektur erhalten und wurde von der UNESCO zum Weltkulturerbe erklärt. Die herrliche Plaza Mayor wird vom Glockenturm des Convento de San Francisco de Asís überragt.

Links:
Am Ortsausgang von Trinidad liegen die Arbeiterviertel, die trotz der einfachen Häuser einladend wirken.

Links:
Trinidad, 1514 von Diego Velázquez als „Stadt der Heiligen Dreifaltigkeit" gegründet und Kubas Barock-Perle, ist gefüllt mit historischem Ambiente, was sich in einer lebendigen Kunstszene ausdrückt, die ihre Produkte auch auf dem Trinidad Crafts Market an den Liebhaber bringt.

An der Playa Santa Maria del Mar. Nicht nur Besucher schätzen die kubanischen Strände, auch die Einheimischen sind dem Strandvergnügen nicht abgeneigt und die Feste, die gefeiert werden, dauern nicht selten bis tief in die Nacht. Es gibt kaum etwas Schöneres als eine karibische Nacht am Meer zu verbringen.

Die Playas del Este, mit dem Strand Santa Maria del Mar, liegen östlich von Havanna und sind ein bevorzugtes Ausflugsziel der Bewohner der Hauptstadt. Ein Strand, wie für die Schönen und Reichen geschaffen, steht auf Kuba allen offen. Neben Badespaß gibt es ein Sportangebot, das sich von Segeln und Surfen bis zum Hochseeangeln erstreckt.

Links und unten:
Tobacco Country: Neben Mais, Bohnen und kartoffelähnlichen Malangas wird im Valle de Viñales vor allem Tabak angebaut, der als einer der besten der Welt gilt. Schon seit dem 18. Jahrhundert werden hier Zigarren in Fabriken hergestellt, zum Beispiel in der Fábrica de Tabacos Francisco Donatien. Die Bauern, hier bei der Ernte, sind ausgewiesene Fachleute, deren Kenntnisse von einer Generation zur anderen weitergegeben wurden.

Links Mitte:
Das Zigarrenrauchen ist auf Kuba weder Mode noch Luxus, es ist pure Lust und Vergnügen.

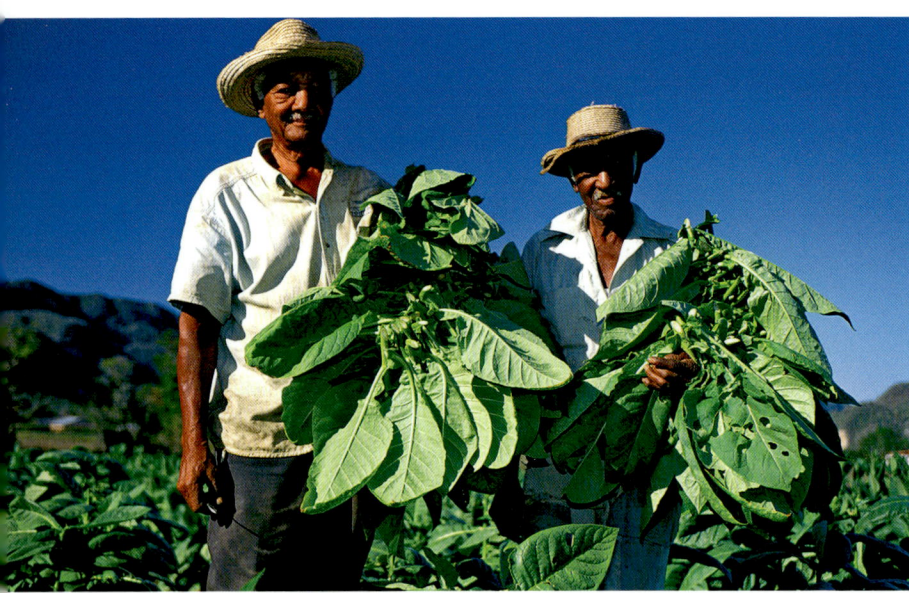

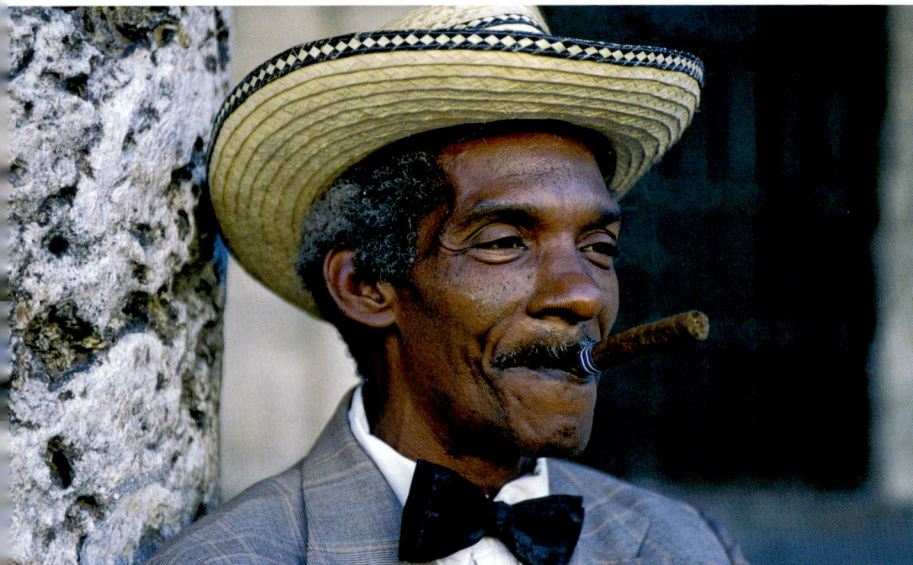

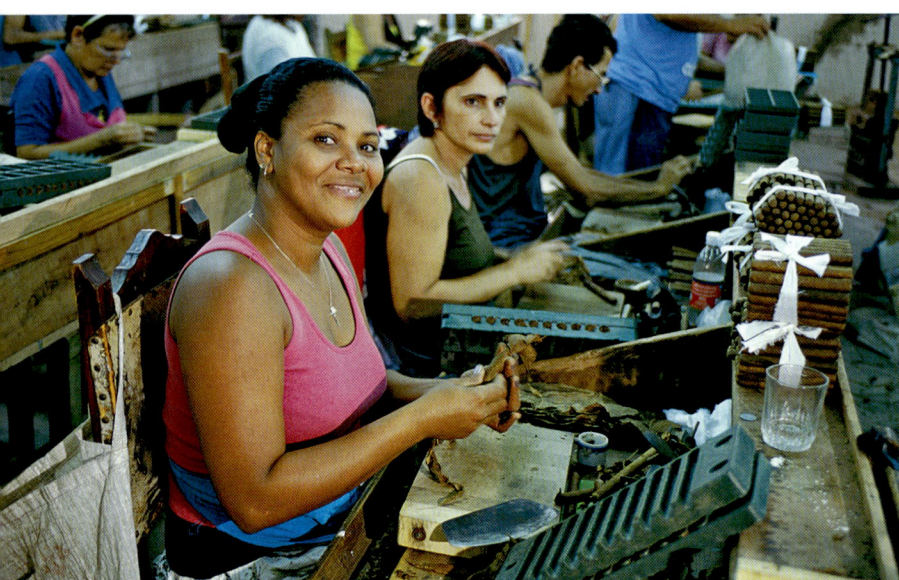

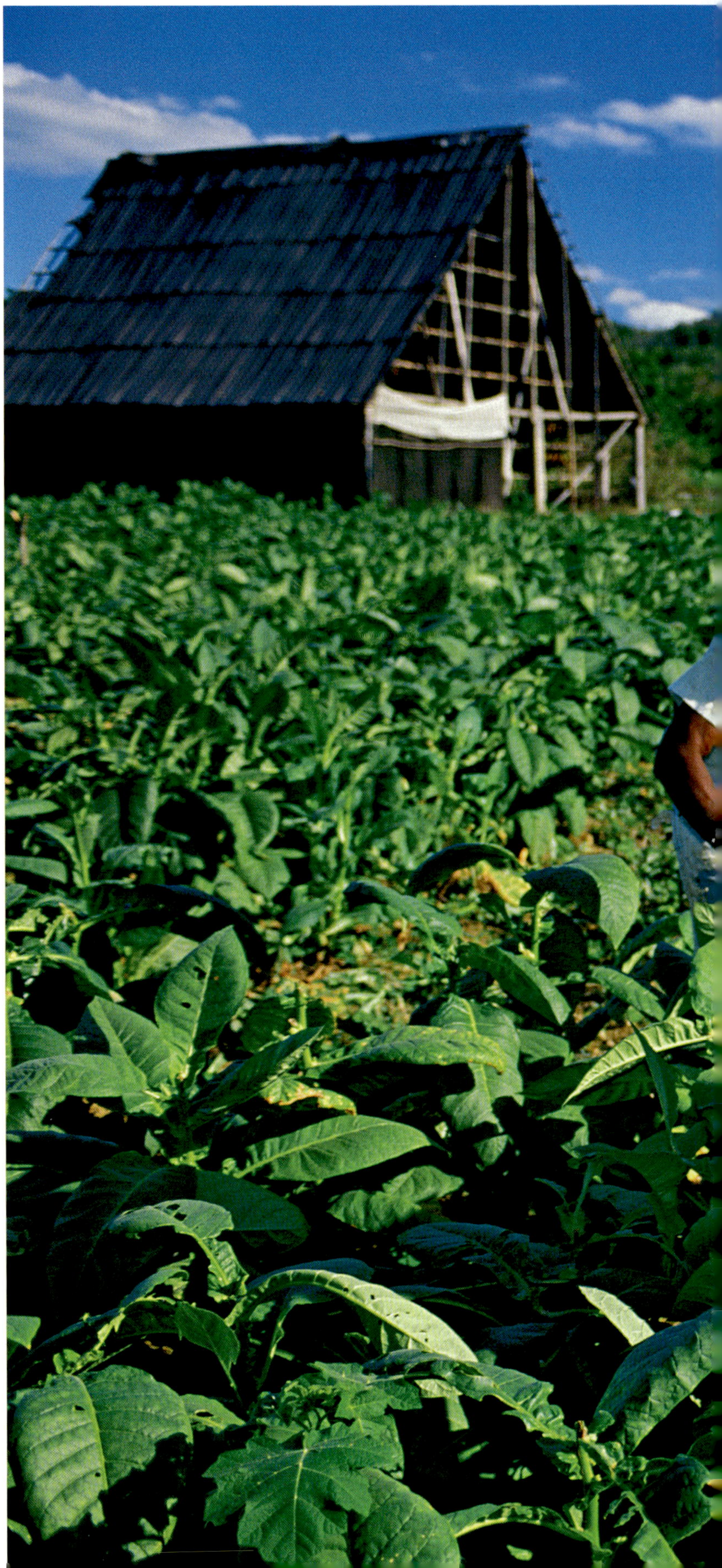

Links unten:

Eine der besten Zigarren der Welt, die Trinidad Fundadores, wurde in Trinidad, Kuba, zunächst ausschließlich für Fidel Castro hergestellt. Der Export der Edelmarke, die namentlich nach einer der schönsten Städte Kubas benannt ist und auch dort produziert wird, begann erst 1998.

Im Tal der Zuckermühlen, im Valle des los Ingenios, steht der 40 Meter hohe Torre de Iznaga, der dazu diente, die Sklaven auf den Zuckerrohrfeldern zu überwachen. Mit dem Anbau von Zuckerrohr wurde Großgrundbesitzer Iznaga zu einem der reichsten Kubaner des 19. Jahrhunderts.

Santiago de Cuba gilt als die Wiege der kubanischen Revolution – sowohl der von 1959, die heute das Leben auf Kuba bestimmt, als auch der beiden Unabhängigkeitskriege des 19. Jahrhunderts. Die Kathedrale, Santa Iglesia Catedral Metropolitana, überblickt seit deren Baubeginn im Jahre 1815 gelassen alle Geschehnisse.

Der berühmteste Gast auf Kuba war Ernest Hemingway, der hier von 1940 bis 1961, dem Jahr seines Todes, lebte. Er wohnte auf der Finca Vigía mit seinen Büchern, Hunden, Katzen und Jagdtrophäen. Die Innenräume dürfen nicht betreten werden, die Szenerie kann man nur durch die Fenster betrachten.

Über Santiago de Cuba auf der Festung El Morro wird die kubanische Flagge gehisst. Trotz aller Probleme im Alltag sind die Kubaner stolz auf ihre Nation.

Register

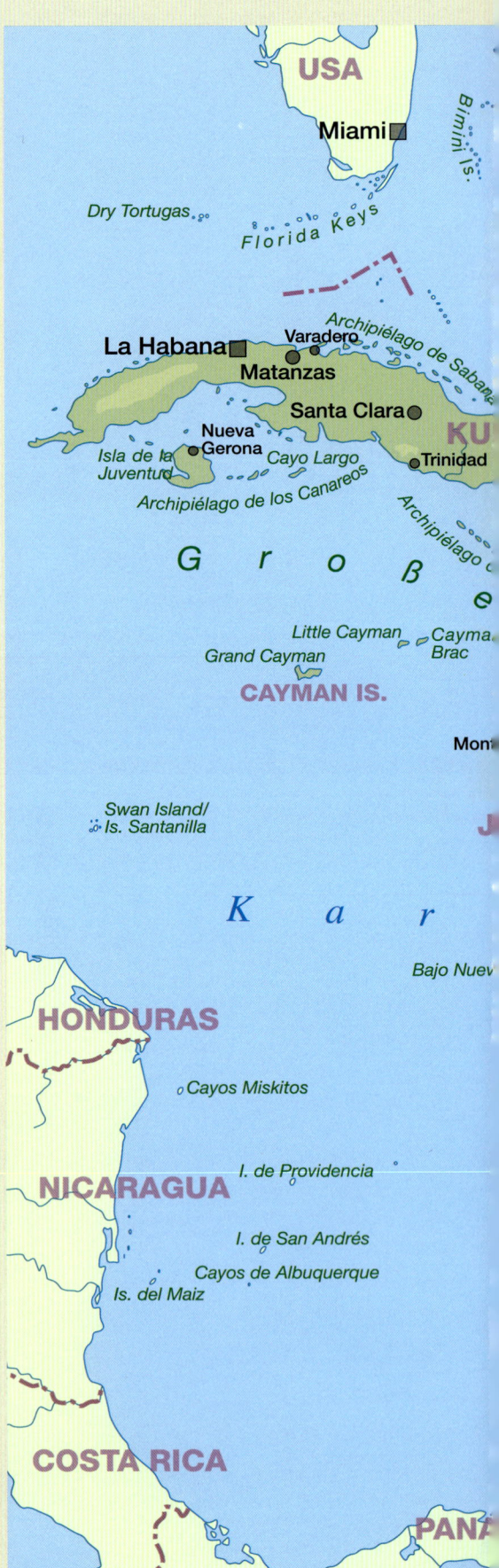

BAHAMAS

Great Abaco I.

Berry Is.

New Providence ~~sau~~

Eleuthera I.

Exuma Cays

Cat I.

San Salvador

Rum Cay

Great Exuma I.

Long I.

Samana Cay

Crooked I.

Mayaguana I.

Acklins I.

North C.

TURKS & CAICOS IS.
(U.K.)

West C. *Grand C.* *East C.*

Little Inagua I. *Caicos Is.* *Turks Is.*

Great Inagua I.

A t l a n t i s c h e r   O z e a n

de Camagüey

~~agüey~~

~~dines~~

● Holguin

● Baracoa

I. de la Tortue

■ **Santiago**
de Cuba

Cap-Haitien ●

Puerto Plata ●

Puerto Plata

DOMINIKANISCHE
REPUBLIK

HAITI

I. de la Gonâve

San
Francisco

● Samaná

H i s p a n i o l a

Navassa I.

● Ocho Rios

● Port Antonio

● **Kingston**

Port-au-Prince

Barahona ●

Barahona

I. Beata

Higüey ●
La Romana ●

Santo
Domingo

PUERTO RICO
(U.S.)

S. Juan ●
Mayagüez ●
● Ponce

I. Mona

VIRGIN IS.
(U.S.)

St. John ●
Tortola ●

I. de Vieques

Saint Croix

VIRGIN IS.
(U.K.)

Anegada
● *V. Gorda*

St. Maarten ●
[NL]
Saba ●
St. Eustatius ●

St-Martin ●
St-Barthélemy ●

St. Kitts ●

Nevis I. ●

ANGUILLA
(Fr.)

● *Barbuda*

ANTIGUA &
BARBUDA

St. John's ●
● *Antigua*

ST. KITTS & NEVIS

MONTSERRAT
(U.K.)

Grande
Terre

Basse-Terre ●

Les Saintes

● Point-a-Pitre

Marie-Galante

GUADELOUPE
(Fr.)

I. Aves

Roseau ●

DOMINICA

A n t i l l e n

K l e i n e   A n t i l l e n

C A

b i s c h e s   *M e e r*

Fort-de-France ●

MARTINIQUE
(Fr.)

Castries ●

ST. LUCIA

St. Vincent

ST. VINCENT &
GRENADINEN

Bequia I.
Mustique I.

Kingstown ●

● **Bridge-**
town

BARBADOS

K l e i n e   A n t i l l e n

NIEDERL.
ANTILLEN

Aruba

Curaçao *Bonaire*

Willemstad ●

Is. de Aves

Is. Los
Roques

I. Orchila

I. Blanquilla

Is. Los Hermanos

I s l a s   d e   S o t a v e n t o

Is. Los Testigos

GRENADA

St. George's ●
● *Grenada*

Carriacou I.
Ronde I.

Tobago

TRINIDAD &
TOBAGO

I. La Tortuga *Cubagua*

I. Margarita

Port of ●
Spain

Trinidad

Golfo de
Venezuela

Cartagena ■

■ **Maracaibo**

■ **Caracas**

KOLUMBIEN

VENEZUELA

Golfo del
Darién

135

Improvisation ist alles –
Verkaufsstand an der
Playa Santa Maria del
Mar auf Kuba.

Impressum

Texte
Alle Texte von Martin Lambrecht mit Ausnahme der
Einleitung (S. 12–21) von Anne Brauner.

Bildnachweis
Alle Bilder von Christian Heeb mit Ausnahme von:
Karl-Heinz Raach: S. 8/9, S. 66 links, S. 67 oben rechts,
S. 67 unten links, S. 67 unten rechts, S. 117 oben rechts,
S. 126 oben, S. 127, S. 132/133.

Buchgestaltung
www.hoyerdesign.de

Karte
Fischer Kartografie, Aichach

Printed in Germany
Repro: Artilitho snc, Lavis-Trento, Italien
  www.artilitho.com
Druck und Verarbeitung: Offizin Andersen Nexö, Leipzig
© 2010 Verlagshaus Würzburg GmbH & Co. KG
© Fotos: Christian Heeb, Karl-Heinz Raach
© Texte: Martin Lambrecht, Anne Brauner

ISBN 978-3-8003-4102-3

Unser gesamtes Programm finden Sie unter:
www.verlagshaus.com